CHRISTIAN BECK

LE PAPILLON

Journal d'un Romantique

1910

à monsieur J. Ernest-Charles

son admirateur et son ami.

Beck

LE PAPILLON

CHRISTIAN BECK

LE PAPILLON

JOURNAL D'UN ROMANTIQUE

En vérité, en vérité, je vous le dis,
si le grain de froment tombant en terre
ne passe par la mort, il demeure seul ;
mais qu'il vienne à mourir, il porte
beaucoup de fruit.

(JEAN, XII, 24.)

1910

Cet ouvrage a été tiré à quarante exemplaires, hors commerce, dont un exemplaire sur Japon Impérial, et trente-neuf exemplaires sur Hollande numérotés de 1 à 39.

15

BECK (Christian). LE PAPILLON, Journal d'un
Romantique. Sans nom (Liége) 1910 ; g⁵ in-8

93 p. — ORIGINALE hors commerce, tirée à 40 ex.
seulement (1/39 Hollande). ENVOI 2.500

Curieux et Rare

PRÉLUDE

La nature est exclusive. Elle ne nous montre aucune de ses forces qui n'en sacrifie une autre. Ce ne serait rien que les individus qui la peuplent s'entre-détruisent; qu'au regard du naturaliste chaque minute de leur vie ne s'accomplisse que par des milliers de morts; et que le suicide forme la seule invention que l'homme ait ajoutée au meurtre d'autrui, par laquelle il déroge à la pratique de cet unique objet du consentement universel. On déplorerait peu que les êtres s'affermissent par l'avulsion de leurs voisins, si ce néant qu'ils portent autour d'eux ne se mêlait partout à leur structure, et si « l'ordre des choses » leur donnait la moindre qualité, qu'on ne la vît nécessiter un défaut.

Le bonheur, que la nature ne réalise pas, cherchons-le dans la culture. Nul homme, quoiqu'on dise du lot heureux des humbles, ne saurait le posséder si sa vie ne l'élève jusqu'aux trois méthodes, et pour ainsi dire aux trois ivresses, de l'art, de la science et de la religion.

Mais les passions que ces disciplines supposent, les vertus qu'elles impliquent, comme les fruits toujours menacés qu'elles engendrent, forment pour le bonheur des conditions bien plus nécessaires que suffisantes. L'amour, au service duquel le Saint seul peut apporter assez d'extase, le Sage d'indulgence, le Héros de fierté, et le Poëte de plaisirs sans cesse renouvelés dans l'invention, propose à la fois ces quatre modèles à l'âme qui tour à tour s'élance et s'évertue au don de soi. Sous sa conduite elle franchit enfin les portes de la félicité.

Ce ne sera pas cependant sans qu'une fortune favorable la seconde et lui prête les talismans, les narcotiques ou les miroirs trompeurs dont abuser un instant le dragon périlleux qui garde le jardin où ses rêves mûrissent. La collaboration du sort, tels événements qui dépendent d'un destin extérieur à l'homme, comptent parmi les éléments de la culture. L'amour qui la couronne et tout ensemble qu'elle éclaire, qu'il se plaise à trouver des forces dans l'adversité et des joies dans le dénuement, ou qu'au contraire il invoque avec Baudelaire la demeure

> Où tout n'est qu'ordre et beauté,
> Luxe, calme et volupté,

ne saurait jamais se passer (sauf aux courtes minutes du martyre) de quelque concours des choses et pour ainsi dire d'un certain assentiment des univers immenses et familiers. Le Cortigiano, au sens du *quattrocento*, l'homme également habile à mener les empires et à incliner une rose vers les genoux de sa maîtresse, doit avoir trouvé à son chevet une de ces mères dont l'influence invisible est si souvent pour moitié dans le secret des grandes réussites. Si la belle âme de Beethoven avait connu,

ne fût-ce qu'un seul jour, le bonheur autrement que par
son pressentiment, non pas même, que l'enfant qu'il
aimait lui eût livré une heure ses périssables mains, le
monde saurait peut-être aujourd'hui le rythme dernier
des béatitudes. Le vagabondage forme l'unique destinée
possible à ceux qui n'ont pas voulu retenir une part de la
richesse et de la joie de leurs frères. — On multiplierait
sans nécessité ces exemples. La bienveillance du hasard
ou des forces qui nous entourent est nécessaire à l'homme
contre le hasard même.

Cette collaboration tutélaire, il ne paraît pas que
Voldemar, dont on pourra lire ici le « Journal » où son
âme quelques mois s'épancha, l'ait connue, au moins au
regard du commun jugement. Il mourut vers la trentième
année. Fut-il aimé par Celle que le « Journal » évoque?
Nous ne le savons pas. Le lecteur en pensera ce qu'il
voudra. Peut-être Voldemar semble-t-il parfois le croire.
Se trompait-il? Une certaine naïveté dont il n'était pas
entièrement exempt permettrait de le supposer. Les pro-
vinces wallonnes, où Voldemar avait vu le jour, désignent
d'une locution moyen-âgeuse et charmante celui que
l'illusion caresse de son aile. C'est, dit-on sur les
rives mosanes, un homme de « douce croyance ». Une
nuance de l'esprit que la Wallonie malicieuse et tendre
dépeint ainsi sauvait peut-être notre ami de cette séche-
resse intime dont l'exercice de la pensée va rarement
séparé.

Le journal de Voldemar, parfois obscur parce que
l'amant qui l'écrivit ne chercha point à montrer le
fil reliant les *membra disjecta* de sa pensée, parle
toujours d'amour à qui veut lire entre les lignes. Lorsque,
par exemple, entre une effusion lyrique et un vœu

mystique d'obéissance, Voldemar consacre une imprévue cogitation au budget d'un ménage, c'est sans doute que le pauvre naturaliste, doublé d'un grand musicien du cœur, qui probablement ne s'apercevait pas de sa pauvreté avant d'être amoureux, vient de s'aviser qu'une femme serait plus difficile à loger qu'une collection de coléoptères. De même, lorsque l'inquiétude naturelle au dévôt lui donne à craindre que ses destins ne soient peu faits pour l'enfant qu'il aime, une philosophie du plaisir, qu'il esquisse fort pragmatiquement, dirait-on aujourd'hui, vient à point nommé le convaincre de n'avoir vécu jusque-là que pour dédier un jour des terres nouvelles aux couronnes de l'hédonisme. Plus tard, comme il n'a pas tardé à s'assurer, selon la psychologie défiante des premiers Pères (c'est l'apôtre Paul qui disait : « L'homme non marié a le souci des affaires du Seigneur ; il cherche à plaire au Seigneur. L'homme marié a le souci des affaires de ce monde ; il cherche à plaire à sa femme » [I, *Corinthiens*, VII, 32-33]), que les soins que l'on doit à la gloire sont peu compatibles avec ceux qu'occupe une vive compagne, nous le voyons saper d'une logique experte le concept qui formait avant qu'il aimât l'objet principal de son culte. Ainsi, de plus en plus il se rapproche d'une réalité concrète et vivante. Au fur et à mesure qu'il aime davantage, il s'éloigne de son romantisme. Celui-ci, pour mieux dire, meurt en lui, mais en laissant toutefois, comme le grain de froment dont parle l'Evangile « traverse la mort » pour donner « beaucoup de fruit », une fleur merveilleuse, l'amour qu'inspire éternellement la Maria-Pia inconnue dont l'innocence a passé sur les dernières années du rêveur devenu poëte, pareille à l'aube qui tue les fantômes.

Poëte, c'est-à-dire maître et créateur des plus puis-
santes vérités, celles du cœur, il semble cependant que
Voldemar ait encore succombé à l'attrait facile du rêve
mensonger lorsqu'il se plut à écrire l'*Epilogue* de son
« Journal », ce récit haletant où le jeune homme gagne
à la roulette une fortune, sans doute destinée à lui per-
mettre de revoir souvent celle qu'il aime, ou à mener
avec elle, à travers l'Europe par l'éternel errant si souvent
parcourue, la libre randonnée qui soulève et soumet
l'espace.

Voldemar est mort à Rome en 190... Je revois encore
la chambre d'hôtel où il s'éteignit, dans le crépuscule
d'un beau jour de printemps, comme une lampe sans
huile. Appelé en toute hâte de Sienne, où je me trouvais
presque par hasard, je revis pour la première fois depuis
plusieurs années ces traits, jadis qui respiraient la force,
où régnait déjà une pâleur cadavérique. Sous la fenêtre
s'étendait la villa Borghèse aux nobles ombrages et, par
delà, la campagne lumineuse. Voldemar, médecin non
moins que philosophe, avait étudié toutes les sciences
dont l'ensemble convergent embrasse la connaissance de
l'homme. Il m'annonça sa mort très prochaine. Après
quelques recommandations il me confia un pli contenant
ses dernières volontés. « Vois, me dit-il comme s'il eût
mis quelque coquetterie à ne pas parler de lui-même, ce
paysage. Rome est une capitale double comme le Griffon.
Nous sommes dans le centre élégant de la ville, dans le
quartier le plus aristocratique, et immédiatement après le
trottoir de notre rue commence la campagne, sans ban-
lieue intermédiaire, sans que l'œil aperçoive une seule
maison jusqu'à l'horizon distant de plusieurs lieues. La
pleine ville et la pleine nature : une synthèse. »

Je compris sa pensée. Voldemar prenait plaisir à parler d'Antée, le héros mythique, occupé à bâtir un temple, qui vivait pour le ciel, et reprenait ses forces à toucher la terre. Il voyait en lui un symbole de cette diversité dont les échanges internes forment dans une vie encyclopédique la vertu sans exclusions qu'il nommait culture. Le jeune homme, qui avait tant aimé la parole où l'Evangile se dresse contre la nature : « Une seule chose est nécessaire », eût pu dire magnifiquement à son tour : « Plusieurs choses sont nécessaires. »

— « Nous sommes, reprit le moribond, au pays de l'universalité. Les hommes qui enrichirent l'une par l'autre, dans une seule âme complexe, les méthodes les plus distantes, furent Italiens. »

Il tira vers lui les couvertures du lit. Le soleil à l'horizon se couchait. J'allai pour fermer la fenêtre. — « Non, laisse-la, dit-il, c'est inutile. » Et tandis qu'il se soulevait à demi pour donner un coup d'œil aux collines lointaines pulvérisées sous les rayons du soir, un flot de pourpre éparse dans l'air inonda son visage. Une quinte de toux secoua le malade et ses lèvres se mouillèrent d'une écume colorée. A la vue du sang, il sembla s'exciter.

— « Cité des fontaines! gémit-il avec désir. Le rêve entravé de la pierre, et le rigide élancement des cyprès : végétation... elle-même, architecture! Puis, du milieu des palais, les eaux jaillissantes, et tout est vie, tout est fuite, mouvement! »

Une ivresse paraissait le gagner. Son œil brillait. Il me fit signe de lui verser du vin de Champagne d'une bouteille ouverte sur la table. C'était du Napoléon brut. J'y mêlai sur son vœu l'eau délicieuse de Gerolsteiner

Sprudel. Il but. Ses pommettes s'enfiévrèrent et ses lèvres bleuâtres un instant se rafraîchirent. Il parla, scandant les mots comme s'il déclamait, dressé dans un demi-délire :

— « Rachat de la négation... Union des contraires! Antéisme! Je meurs et ne me suis jamais senti si vivant. — Ferme la fenêtre, dit-il. » Et il retomba sur le dos.

Puis, après un silence, il récita d'une voix sourde et monotone :

— « Comme le soleil voile la nudité des étoiles, ainsi l'emprise radieuse étend sur une amante une nuit mouvante. Vasques des fontaines, disques noirs, images du soleil, astres d'eau, réflection de la nuit... »

Je le suppliai d'interrompre son délire.

— « ... de la nuit... », répéta-t-il faiblement, avec un pâle sourire, en me tendant la main. Ce furent ses dernières paroles. Un flot de sang l'emporta.

Il est à la villa Pamphili, à Rome, un étang que le soir enveloppé de brumes trouve souvent solitaire. J'aime l'immobilité de ses nénuphars, sous lesquels court la vie secrète des sources que le petit lac confond dans sa coupe de mystère et d'apparente paix. Si je tourne le dos aux frondaisons inclinant sur une de ses rives leur tremblant refuge, j'aperçois la colline où des pins-parasols élancent une svelte gravité. Ces frères voisins sont là, droits comme des héros de l'Iliade, et le clair espace sépare leurs troncs. Mais leurs têtes égales, où le feuillage s'arrondit, développent en se joignant une prairie aérienne. L'individualité forme le support du bien parmi les hommes, le bien même est dans leur harmonie. Si la vie, si la mort plutôt, a éloigné le pauvre Voldemar de celle qu'il aimait, et si jamais peut-être leurs jours ne les ont vus soutenir un vœu commun, souhaitons cependant, pour la couronne de Dieu, que leur plus haute pensée du moins les ait unis, pareille à la prairie des pins, lit nuptial des anges.

C. B.

Ateleta, 28 juin 1910.

9 août 190…

— « *Ti piacerebbe essere tanto bella?* (1). »

La sœur cadette interrogée sur ce ton dubitatif ne répond que par une moue d'ignorance. Et moi qui viens, non sans dessein peut-être, de célébrer la beauté, je songe : « Voici la dernière «sonde ». Ah! Trianon! Même cet héroïsme là, la Beauté, le plus naturel à désirer, le plus aisé d'entre ceux qui vous seraient accessibles, il paraît que vous n'en voudriez pas. Se peut-il que vous ayez une âme aussi éloignée de tout excès déraisonnable, aussi peu chimérique, point passionnée, point ambitieuse, aussi tranquillement distante de tout ce qui pourrait ressembler à un destin suprême? Vous êtes frivole. Quel Evangile m'enseignerez-vous? Sera-ce celui de la tiédeur? Encore si vous étiez coquette, on pourrait espérer que vous vous brûleriez les doigts; ou, grave, on tenterait de blesser le roc; mais les coups ne portent pas plus contre une âme puérile qu'ils ne marquent une eau paisible et claire dont le sourire déjà s'est refermé sur eux.
— Il faut souffrir pour être belle, disait une vieille princesse dans je ne sais plus quel conte d'Andersen. J'avais dix ans et ces mots incompréhensibles me frappaient étrangement. Mais vous, Trianon, pour quel Dieu souffririez-vous? Il n'en est point, de ces faibles dieux gémissants comme un orchestre, dont il vous plairait d'humilier

---

(1) « Aimerais-tu d'être si belle ? »

à vos pieds la couronne, — ou l'obscur voile tragique
tout semé d'étoiles. Pas même, je parie, votre cousin.
Pas même votre maître de piano. — Au fait, n'est-ce pas
une maîtresse? — Certainement, vous joueriez encore à
la poupée, si vous aimiez les enfants. D'ailleurs, vous
jouez à la balle, et vous lisez une revue anglaise infiniment plus innocente que ce jeu qui vole comme le regard,
comme la pensée et comme l'amour. Une revue, probablement, où l'esprit piétine, patauge, marque une sorte
de « pas sur place », uniquement pour qu'on soit bien
sûr qu'elle ne mènera le lecteur nulle part.

Trianon, où m'allez-vous mener? Je me remets
entièrement à vous, je ferme les yeux, je ne les rouvre
que pour vous voir, je suis, comme on dit, à la *disposicion
de usted*.

Il y a peu de chances qu'elle s'en aperçoive et, ma foi, je ne ferai rien pour cela. A trente ans, je ne puis plus gravir une côte sans souffler. Ce qu'il faut à cette enfant très « sport », c'est un bel officier. Je me fais penser à ce bon du Vaux. Il avait attrappé deux ou trois pleurésies et demanda sa mise en réforme. « La dernière matinée où je fis mon service, me disait-il, je devais prendre une colline d'assaut et arriver en tête de mes homme. » Sa physionomie exprimait une indicible horreur. Pauvre Saint-Cyrien! Combien de fois avait-il dit : « L'atmosphère est ambiante » avant de demander la réforme numéro 1. Je suis comme du Vaux. Je ne prendrai plus rien d'assaut.

Nous avons été hier au « Prato Gentile ». Ce nom de guinguette fut donné par les habitants de Rocca Luparella au plus charmant endroit de la terre : un pré vert et sans pente, où paissent en demi liberté des groupes de chevaux, les pieds de devant garrottés, — de toutes parts entouré par de profonds bois de hêtres. Au fond du quadrilatère, de naturelles arcades d'arbres sous lesquelles on s'assied. Nous avions avec nous les filles de don Prospero, l'homme « le plus riche de Rocca Luparella », disent les gens du pays qui, impressionnables et sans vanité comme beaucoup d'Italiens, ne cherchent point à dissimuler leur admiration pour la richesse ; don Prospero, ancien *sindaco* de notre commune, habite Rome l'hiver ; il a l'air d'un sacristain, paraît porter perruque et fait une collection de montres modernes ; ses filles sont fagotées, leur expression est celle de la pauvreté, elles sont chétives, celle-ci, qui compte dix-huit ans, semble n'en avoir guère dépassé douze ; un évêque de village, qui fait sa tournée, et qu'amenait le sénateur, petit vieux cravaté de blanc comme en 1860, président à la Cour des Comptes, l'air d'un chef de bureau, très fort, dit-on, sur la comptabilité du royaume ; la mère de Trianon, sa sœur, ses quatre frères, une jeune fille dont le père s'est installé dans une belle forêt de sapins toute proche qu'il fait scier, les deux nièces du dernier duc — car Rocca Luparella possède un duc, dont les ancêtres possédaient Rocca Luparella, — quelques tantes des filles de don Prospero ; des mulets chargés de provisions complétaient notre cortège. Bref, l'inévitable pique-nique.

La rocheuse montée par des sentiers en lit de torrent est assez agréable. Je chemine à côté de la mère de Trianon. Mais passer toute une journée dans ce « Prato » dont j'ai pris, lorsque j'y étais seul, tout ce qu'il pouvait donner, va me rendre, je le crains, assez embarassé de mon personnage. Assurément je me fusse mieux trouvé dans ma chambre, à mes écrivasseries, ajustant mon mémoire sur « l'Hérédité et l'Imitation dans la Symphilie chez les Arthropodes ». Si la nature et considérer du milieu de l'attente son fleuve pathétique et lent, me donnent du plaisir, j'en suis encore à croire à la nécessité de « faire quelque chose ». Mais ai-je depuis quinze jours vécu une seule heure sans penser à Elle, et ne faut-il pas que j'aille partout où sera Trianon ?

Au fait, pourquoi l'appelé-je ainsi ? Ce surnom, qu'elle ignore, est ridicule. Il le serait, s'il était cherché. Mais il a jailli si naturellement de sa grâce, que je n'eusse pu m'y dérober. Je ne le prononce qu'à moi-même, et il me semble qu'il y a une sorte de pudeur à ne pas lui donner son nom. Même sa famille et les gens de son entourage l'appellent d'un autre nom que le sien. La toute-puissance qu'elle ignore qu'il ne tiendrait qu'à elle de prendre sur moi m'apparaît encore également fragile et redoutable. Je ne saurais vivre en dehors de sa vue que comme si j'étais devant elle. Son nom, il me semble que je ne pourrais le prononcer en sa présence que comme ces mots indistincts où l'âme défaille et se sent mourir avant de vaincre et de renaître ; comme on arrache un voile ; comme on s'abandonne aux ailes de la prière, ou à la fureur radieuse des tempêtes : car la prière est violence, et « les cieux », Trianon, « sont aux violents qui les ravissent ».

Hélas! Ma dernière violence est morte. Je ne serai plus jamais un loup que par la solitude — plus jamais un « loup ravisseur ».

Pour un loup hors cadres, la journée, d'ailleurs, ne s'est pas trop mal passée au « Prato Gentile ».

Je vis tout de suite qu'il y aurait peu de plaisir à prendre auprès de ces demoiselles, toutes, à part Trianon et sa sœur, assez sottes. Au jeu de « médaille », amusant en soi, où l'on saute à pieds joints, ces jeunes personnes, à qui leur éducation dans la montagne semble avoir laissé, comme il fallait s'y attendre, peu de naturel, n'avaient pas même l'esprit de bien sauter. D'autre part, Trianon, que la politesse donnait d'ailleurs à ses nouvelles amies, reçut fort mal un commencement de conversation — peut-être un peu trop directe. Je ne sais plus ce qui m'avait amené à lui demander si elle ne jugeait pas qu'il fallût qu'il y eût pour chacun, comme pour une peintre célèbre dont on venait de parler, et qui préférait, je crois, mon Dieu! la peinture, une chose qu'il préférât à toutes les autres réunies. Elle brisa net cette tentative de flirt en répondant qu'en tout cas, pour elle, « elle n'était pas comme cela ». Bon! Au moins, me dis-je en m'enfonçant dans les bois, son indifférence est générale et unanime. Elle est égoïste avec impartialité.

Giovanni m'accompagna. Nous étions à cheval. Il était divertissant de se baisser juste à temps pour éviter les branches et de se redresser aussitôt après dans le vide étroit. On a l'impression de jouer au jeu de grâces avec sa tête.

Je ne sais pourquoi j'aime Maria-Pia. Je l'appelle ainsi lorsque je pense à elle en philosophe. Rien de ce que je retenais autrefois de ma vie qui me semble me l'avoir destinée.

Mon premier amour fut pour Madame de Waremmes. Je n'avais aimé avant de la connaître que par cet obscur instinct grâce auquel un trouble emprunté à la nature reçoit un objet bien plutôt qu'il ne s'y asservit et nous le propose bien davantage qu'il ne nous y donne. J'avais sur l'amour les idées de mon entourage. Aucun amour, pensais-je, ne dure, et par conséquent ne saurait mériter le sacrifice d'une de ces passions qui peuvent remplir la vie en étendue autant qu'en profondeur. J'étais tout entier au désir du bonheur, mais l'ambition, la gloire, la sagesse, seules me paraissaient pouvoir ouvrir ses portes. J'eusse préféré ces vertus à la félicité même ou, pour mieux dire, ne la concevais pas en dehors d'elles. Orgueilleux et farouche, sous le vernis qu'imposent nos usages et parfois, peut-être, les soins d'une galanterie dont on s'occupe d'autant moins de se déguiser les vœux qu'on tient ses mobiles pour plus passagers, les femmes m'inspiraient au fond un secret éloignement. Assurément je n'eusse jamais aimé Madame de Waremmes, s'il n'avait plu à cette âme si fière de me laisser voir quel empire son appréhension même attendait que je prisse sur elle. La reconnaissance, dit Larochefoucauld, est une vertu de marchands. La mienne et ma surprise furent extrêmes. Je ne pouvais concevoir qu'une femme aussi belle, aussi admirée, aussi aimée, choisît l'amant le moins aimable

pensais-je, le plus obscur peut-être, le plus solitaire à
coup sûr. J'avais dix-huit ans et les devoirs de l'amitié,
ses droits que l'on respecte dans une union indissoluble,
m'ôtaient un motif communément puissant de déguiser
la réserve propre à cet âge comme de prendre sur la
taciturnité qui m'était naturelle. Les femmes, pensais-je,
ne se laissent gagner qu'à des mœurs brillantes et des
discours abondants. Je ne transportais pas dans les
rencontres de la vie un orgueil que son immensité rendait
sans objet comme sans mesure : toute vanité me restait
étrangère. Ce que Louise me donnait me semblait d'autant
plus grand que j'avais moins séparé mes destins de ceux
de l'univers : son amour, que n'eussent ravi ni les soins
les plus attentifs, ni des dons vulgaires, ni ces mérites
dont on accorde le bénéfice à la comparaison, ni des
vertus empruntées, égalait d'emblée les plus hautes, les
plus mystérieuses promesses d'un monde que je brûlais
d'agrandir. Il est des lacs, dit-on, où tout ce qui tombe
se transmue en or. En quel métal se changerait l'or que
Madame de Waremmes laissait descendre dans mon âme?
L'homme que guide une certitude secrète n'admire rien
tant que la certitude, plus sublime parce qu'elle est plus
désintéressée, de celui qui le choisit entre tous pour
l'aimer. L'orgueil, qui seul permet à l'âme de mesurer
l'étendue de ce qu'elle donne et reçoit dans l'amour, me
menait par les voies de ce sentiment à l'humilité. Devant
Madame de Waremmes, et dans ce jaillissement d'anti-
nomies, un seul mot put caractériser ce que je ressentais :
le miracle. Je rencontrais le seul aliment qui fût possible
à l'atmosphère de mon âme, elle se nourissait de feu.
Tout semblait préparé pour que Louise seule pût m'aimer,
et qu'elle seule fût aimable; le feu qui mêlait nos deux

vies comme deux torrents de lave l'un vers l'autre nous avait guidés, par mille détours où lui seul brillait avant que nous eussions aperçu sa lumière : tout le reste et moi-même nous aurait séparés.

Hélas ! L'ardeur de l'amour est compatible avec sa durée, elle ne l'est pas avec la nôtre : Madame de Waremmes n'est plus.

Si mes jours après elle voient la fin de leur cours sans que j'en aie marqué la trace, cette incomparable amie m'aura du moins laissé l'esprit le plus livré à tous les contrastes, le moins et le plus humain peut-être, devant qui l'universel écoulement des choses ait jamais ouvert son fleuve brillant et diapré. Il n'est plus pour moi de contradictions, parce que je les concilie toutes. Je n'ai rien renié du sentiment par lequel Louise seule formait pour moi comme le miroir de Dieu. Mais ce divin que je contemplais en elle, qu'elle me montrait, que j'ai vu, je sais discerner aujourd'hui le furtif passage de son aile sur le plus humble et le plus pâle visage : il n'est plus de femme que je ne pourrais aimer.

Pourquoi faut-il qu'entre toutes Maria-Pia soit l'élue? Tâchons de la juger avec sévérité, récapitulons ses défauts. Je ne lui en trouve, à vrai dire, qu'un seul : c'est de ne pas m'aimer. C'est assez. Celui-là contient tous les autres.

Aimer cette jeune personne renverse toutes mes habitudes d'esprit. On pourrait croire, en la voyant, que la destinée unique d'un être humain soit de jouer à la balle ou à d'autres jeux innocents. Sa mère évidemment ne l'a préparée à rien d'autre et Trianon est une jeune fille trop parfaitement élevée pour avoir jamais pris beaucoup d'initiatives. Les idées de Trianon sur l'amour sont étonnantes. On eût fort offensé Julie en lui faisant remarquer que la moustache de son amant était feuille morte ou dorée, ses yeux verts et ses cheveux châtains : il était brun, elle n'aurait jamais aimé qu'un brun, la couleur des cheveux ne comptait pas pour cela, et celle-ci était contestable. Je conçois de pareils parti-pris : toutes les femmes ont au moins effeuillé une marguerite pour interroger leur destinée future. Lorsqu'elles rêvent à l'amour, ou qu'elles pensent au mariage, qui dessine sa meilleure forme, elles classent les hommes d'après certains aspects dont l'exigence offre l'avantage d'éliminer des foules. Telle écartera d'abord tous les hommes blonds, puis tous ceux qui dansent mal, etc. Ce petit jeu de massacre resserre le cercle de l'indétermination. Finalement il restera l'homme qui a tel physique, tel caractère, et ainsi de suite. — Mais Trianon se place au point de vue le plus étrange : elle classe les maris par professions.

Mon éducation ne m'avait point préparé à savoir que le bonheur n'a point, comme le plaisir, sa satiété. Je l'ignorais avant d'aimer Madame de Waremmes. L'amour parfait éprouve l'impression, étrange parce qu'elle contredit le fait que la perfection n'offre point de degrés, qu'il croît sans cesse. Je me souviens d'un conte. Les grottes que la Nuit semblait avoir pour retraites abandonnées connaissent, depuis que la communauté des gnômes y agite son industrie, le Jour et ses jeux par l'artifice d'un flambeau. Parfois deux gnômes malins se dévoilent l'un à l'autre le dessein d'éteindre la lumière. Aussitôt ils courent et, s'étendant à plat ventre devant elle, ils gonflent leurs joues et s'excitent de l'œil à l'effort. Mais sous leurs souffles égaux et contraires la flamme s'est élancée plus droite. Ainsi le bonheur et le désir croissent l'un par l'autre et sous leur choc la pure flamme de l'amour.

L'adversité, aussi bien, agit comme le bonheur : tout seconde une ardeur essentielle.

Je supposai que si nous avons l'impression que l'amour parfait croît, cela vient de ce que, lorsque nous comparons l'amour présent avec celui de la veille, le présent est perçu par l'intuition de l'âme même, tandis que l'amour de la veille ne nous est rapporté que selon la mesure qu'en prend la raison discursive : cette faculté mécanique et naturelle pour mesurer l'amour le juxtapose à des objets limités dont elle lui fait emprunter la nature.

L'amour parfait ne peut naître qu'après la possession. Elle ne modère pas des feux terrestres que certains hérétiques des premiers siècles voulaient éteindre dans l'excès des plaisirs. Mais, avant elle, tout l'être se tend dans la conquête et l'amour fuit, dont l'ardeur ne s'exerce qu'au sein du don de soi. Avant la possession, ce que nous prenons pour de l'amour n'est que le pressentiment de l'amour. La plupart des hommes ne connaissent, et dans le succès même, que ce pressentiment. Ils ne sortiront jamais assez du moi pour entrer dans la terre promise et seul l'écho de ses musiques parvient jusqu'à leurs chaînes. Un grand amour de soi-même leur a manqué, qui nous fait parcourir tout l'égoïsme, au bout duquel nous voyons sa vanité.

Deux êtres humains en présence sont pareils à deux gladiateurs sur le devant d'une scène et à un orchestre invisible dans le fond. Leurs âmes se combattent, soit que la haine ou d'autres égoïsmes opposés les animent, soit qu'un simulacre convenu donne au plaisir mutuel le pas dans leur jeu sur l'adversité des glaives. Mais au dedans de chaque âme un rayon secret, pareil au rameau d'un unique tronc divin, est tout Amour. Ensemble ces deux centres de vie élèvent une musique à l'unisson, qui ne chante qu'une seule félicité, conçue en l'astre aux feux ineffables. Les deux gladiateurs cependant, pareils à des sourds qui perçoivent le son sur la courbe parallèle du mouvement, ne saisiront jamais de l'orchestre invisibles que les rythmes dont leurs gestes se peuvent sentir mesurés ou soutenus. — Les voilà qu'un dieu fortuit les a transpercés; l'amour charnel les embrase; ils laissent les épées, l'un vers l'autre tendent une face nouvelle; une danse non plus pyrrhique mais d'Eros les enlace. Et tandis qu'une onde ardente parcourt leurs

corps unis comme des rives, ils entendent, plus haut que
l'escalier des nues, au calice du ciel lancée par la terre,
l'alouette des aubes éternelles, pure harmonie ou jet,
qui fuse.

Deux esprits penchés sur le bord de l'être, tout le
reste sous eux n'est plus qu'abîme, ils voleront l'un vers
l'autre par ces deux ailes de l'amour que sont l'admiration et la pitié.

Le dieu intérieur jamais absent de l'âme n'affleure
dans la région de la conscience que rarement chez les
meilleurs, jamais chez la plupart. L'amour qu'il éprouve
pour lui-même n'est ni égoïste ni altruiste, mais absolu,
embrassant la plénitude de l'Etre présent tout entier dans
chacune de ses parties, et murmurant le mot hindou de
l'identité universelle, « *twam asi,* tu es cela ». Le plus
misérable mendiant par cette essence est digne de
former l'objet d'un amour sans bornes. Mais elle ne se
révèle qu'à un désir plus fort que le désir de vivre, celui-ci
formant dans la nature des êtres l'obstacle à leur union.

Nous désirons être désirés par l'âme aimée et l'amour
semble résider tout entier dans ce désir d'un désir. Le
second de ces désirs ouvre les portes, seul il permet à
l'âme d'entrer dans l'âme aimée pour se donner tout
entière.

Tout amour est égoïste et altruiste; il est la pratique
de l'unité du moi et du non-moi. Comme égoïsme,
l'amour est l'affranchissement des mille égoïsmes en nous

qui retiennent l'égoïsme; il coupe ces liens lilliputiens, il livre le fauve à lui-même, il lui rend la carrière.

Nous nous plaçons tout entiers dans un seul désir et, comme on lance un anneau dans la mer, nous voulons le voir descendre de plus en plus profondément dans autrui, et disparaître avec lui. C'est dans autrui que nous voyons briller notre bonheur. Nulle flèche n'y peut atteindre, il ne s'ouvre qu'à nous-mêmes. C'est toi, et non pas ton enveloppe, ton ombre, ton expérience du siècle ou ton art de t'y conduire, devant qui la cité engloutie va laisser s'effondrer ses sept murailles. C'est toi que l'on attend.

Comme le lanceur de pierres semble vouloir exprimer toute sa force dans un seul effort, ainsi nous avons ramassé tout notre égoïsme dans un seul vœu. Mais la souffrance inséparable de l'amour même heureux nous a fait voir les limites du court royaume que mesure l'égoïsme. Nous avons alors été plus loin que le vœu qui nous avait menés au bout de nous-mêmes. Voici toutes tes richesses sur un seul vaisseau, le vaisseau sur la mer, et toi qui quittes le navire, qui t'abandonnes à l'océan. Sur une barque désemparée? Non. Aujourd'hui tu marcheras sur les eaux.

Ainsi le fort archer a vu la flèche traverser l'horizon. Elle s'éloigne de lui de plus en plus lentement, retenue par la masse énorme de la terre; cependant, elle a visé dans le millier des astres, à travers le temps qui nous dévore et l'espace qui nous enlise, la face du soleil; elle a gagné le champ de son attraction; tout change; chaque instant la laisse plus rapide; elle s'élance vers le brasier.

19 août.

Suivi Trianon à la messe. Quelles belles montagnes que celles de Rocca Luparella! Les plus beaux lieux du monde sont mieux à nous lorsque nous les connaissons seuls. Il ne semble pas que Maria-Pia soit fort sensible à ceux-ci. Elle se garde de tout excès. Au surplus l'esprit le plus fin, et le plus naturellement ennemi de tout sentiment convenu ou faux. Elle aime peu le printemps. Que je lui en sais de gré! Le printemps est une légende. Je ne sache point de pays en Europe, sauf peut-être la Russie aux cieux mouvants et rapides, où ce ne soit la moins agréable des saisons. Maria-Pia n'émet jamais un blâme inspiré par un jugement répandu. On parlait d'une de ses amies de pension qui venait d'épouser le vieux duc de G., octogénaire et très riche. G. fut l'une des illustrations du boulevard sous le second Empire. Il n'y a pas une jeune fille entre mille qui ne se fût récriée, sur la question que j'en fis, touchant un mariage aussi disproportionné. Trianon ne répondit que par un mouvement de tête qui pouvait tout exprimer, hormis aucune forme de blâme. Je comprends très bien cela. Outre que l'on a vu des vieillards inspirer l'amour le plus vif, nombre de femmes sont heureuses dans le dévouement et G., au surplus, est le plus galant homme, très capable de faire le bonheur d'une jeune personne.

— Le petit Ennio priait en touchant la cravate de fourrure de sa sœur (1). Je me représentais la tête et les petites pattes unguiculées de la fouine douce et modeste à toucher. Le sacristain avait la tête entourée de linge

---

(1) L'esprit de Voldemar se reporte ici à la Messe où il avait suivi Trianon.

blanc comme un blessé de la retraite de Russie. Seigneur !
Que cette église était petite ! L'après-midi il y règne une
fraîcheur délicieuse. Il devrait y avoir des sources dans
les églises. Je regardais chaque chose avec froideur comme
le jour clair. Isernia ! Tout était noyé dans le soir lorsque,
le 13 mai, j'entrai dans ton église mouvante de fidèles,
de masses d'ombre et du scintillement des cierges. La
musique était comme l'orchestrion d'un estaminet de
village dans les Flandres. J'entre rarement dans une
église sans prier la Vierge Marie, ce charmant symbole
de l'honneur chevaleresque. Isernia ! Que la prière, parmi
ce peuple où j'étais le seul que ne connussent pas tous
les autres, paraissait bonne ! C'est auprès des inconnus,
lorsqu'ils sont réunis dans le silence, que l'on goûte une
fraternité que toute la nature nous voile. Que l'anonymat
semblerait doux parmi les hommes ! Ceux qui restent
dans leur village ne sont pas moins fous que ceux qui
courent après la gloire : ils la remplacent par le qu'en
dira-t-on.

Je rendis à la sortie de la messe le délicieux cœur
en filigrane d'or ancien que l'on avait acheté à la foire
du village et que l'on m'avait envoyé montrer à mon
ami « don » Eugenio, le fondeur en or.

Examiné le livre de prières de Trianon. Il a été
composé sous le second Empire par la comtesse de
Flavigny et débute par une lettre de l'archevêque de
Paris qui approuve le livre et loue Madame de Flavigny,
qu'il appelle « madame la comtesse ». Des images pieuses
données par des amies sont insérées entre les pages. L'une
d'elles représente la supérieure d'un ordre moderne, avec
cette inscription empruntée, je crois, à sainte Thérèse :
« Souffrir sert à aimer ».

La couverture du livre a un parfum délicat qui fait
penser à une robe de bal.

Reprenons la philosophie. Non sans quelque honte. Jusqu'à présent je n'ai pas avancé d'un pas dans l'étude de mes sentiments pour Trianon. Le plaisir que je prendrais à voir clair en eux me consolerait peut-être de son indifférence. Je voudrais lire dans leur ardente nuit comme dans un livre ouvert. Il ne me semble pas que je sois peu éloigné d'y arriver. Aucun d'eux, même les plus extrêmes, n'est sans mélange : aussi ne m'étonné-je pas qu'Elle reste insensible à leurs feux obscurs — que d'ailleurs j'ai pris infiniment plus de soin de lui cacher que de lui laisser deviner.

Lorsque j'allais à l'école, j'y lisais : *Labor improbus omnia vincit.* Si ce bel apophtegme latin n'est vrai que des victoires où ce sont les pions qui triomphent, faisons-en néanmoins notre profit. Puisque je ne réussis pas comme amoureux, tâchons de réussir comme pion, je veux dire comme « psychologue ».

Il y a du plaisir à sentir et à concevoir des sentiments complexes, parce qu'on domine mieux ceux-là. Mais cette domination est celle d'un roi sur de pauvres sujets. La liberté, ce mouvement divin, nous ne la possédons que lorsqu'un sentiment nous remplit assez profondément pour que tout notre être, dont il a teinté de sa nuance tous les éléments, y acquiesce. C'est cette liberté là que je voudrais qu'il plaise à Trianon de m'inspirer.

Je ne m'emploie cependant qu'à détourner de moi cette vertu.

Les qualités de Trianon sont, me semble-t-il, trop parfaites pour être divines. De certains déchirements, les

nues de l'esprit, ses abîmes, voilà les espaces de l'âme
que parcourt l'éclair qui va, comme dit l'Evangile, « de
l'orient à l'occident ». Trianon est née sous un ciel que
l'on peut souvent croire inaltérable. Elle est si parfaitement latine, si uniquement et noblement Romaine:
comment connaîtrait-elle les intempéries de la vie spi-
rituelle d'un Cimmérien barbare, mâtiné de Lettons,
dont les ancêtres idolâtres, il n'y a pas quatre siècles,
révéraient encore le soleil et les astres dans leurs forêts
humides. Les nuages ne lui ont rien enseigné. Elle joue
avec tant de grâce que si elle rêve parfois, ce dont je
doute, ce ne peut être qu'à jouer.

La faible part d'héroïsme que les hommes jamais
peut-être ne furent sans porter en chacun d'eux, mais
dont à leur différence je ne saurais séparer l'attente du
bonheur, — je ne puis aimer que si j'éprouve que mon
sentiment la sert en quelque manière.

J'aimerais donc Trianon sans l'aimer, si je n'espérais
trouver dans cet amour une piété nouvelle. Je ne vis
point sans que les mondes m'enseignent, dont la joie
que je traîne révoltée partout après moi, farouche tantôt
comme la nuit, défaillante comme l'aube mouillée de
larmes, soumise enfin comme le jour égal couché sur
toutes choses ainsi qu'un chien au seuil des demeures,
m'a fait tour à tour aborder les incertains rivages, les
grottes murmurantes, les vergers d'épopée, de gloire et
de sommeil, les cités impudiques sous leur ceinture de
fleuves, les temples creusés d'ombre, les sanglotants
jardins et les chemins qui rampent au flanc doré
des monts.

Je ne vis point sans la ferveur, et n'estime aucun de
ses modes qui n'en prépare un autre : si l'inconnu

n'éclaire plus de ses mirages la fortune et les dieux que mes jours serviront, j'apporte encore sur ses autels le frisson dépouillé d'une âme où la méditation égale l'aventure.

Je ne souhaite point, ô Trianon, par le plus étroit des vœux, devancer le mystère ; et la part que les destins me gardent, toujours plus petite et plus grande que la raison ne pressentait, je n'ai point entrepris d'en mesurer les feux. Tu ne chercheras point, dit un buveur persan, à deviner dans la saveur d'un vin pur l'ivresse qu'il te versera. Mais mon âme cependant est trop partagée et trop faible encore pour que je ne me retourne point parfois, comme le voyageur parvenu sur une colline interroge les cieux.

Il importe d'accommoder les événements de sa vie à une certaine raison secrète qui se développe en nous et qu'ils doivent favoriser.

« Tu ne me chercherais pas, écrit Pascal, si tu ne m'avais trouvé. » Il me semble entrevoir ce que le bonheur, ce que Trianon veux-je dire, favoriserait en moi.

Tâchons d'esquisser l'énonciation de cette « raison secrète » de ma vie. M'efforcer de me connaître, c'est étudier Trianon : elle réalise d'une façon plus exemplaire et plus éternelle ce que je possède de meilleur.

La philosophie et l'esprit le plus contraires aux miens ont toujours été ceux qui diminuent l'importance des choses. Depuis quelques années, cependant, une tendance inverse s'impose à moi sans réduire l'intensité de la première. J'aime à faire un sort à tout ce qui dépend en nous du hasard. Une négation me charme, qui souligne l'aspect adventice des univers ou pèse avec impertinence leurs assises d'opaque et lourd néant. Je ne suis pas, comme Renan, un Méphistophélès bénisseur. Mais la fumées des mondes comme lui m'amuse. Sans doute suis-je de ceux qui ne font rien à leur heure : autant j'étais un enfant méditatif et pénétré de respect devant la gravité des destins, autant je suis un homme amusé. Bien plus, le plaisir, que je n'eusse pratiqué naguère qu'avec mépris, ou, tout au moins, que je ne pratiquais qu'avec le sentiment d'une valeur entièrement indifférente à mes yeux, dérobe aujourd'hui mon estime. Il pénètre dans mon sentiment de la valeur. Si j'étais, comme le maître vénéré dont je viens de prononcer le nom, bénisseur, il faudrait ajouter que je le suis infiniment plus que lui. Dieu se retire de plus en plus du monde physique : il n'est plus pour nous le Créateur, la cause du monde, mais son but. Au fur et à mesure qu'il se dégage ainsi de son premier terme, il s'étend davantage dans le monde moral : il gagne peu à peu tous les sentiments qui semblaient jusqu'alors se dérober à son étreinte ou à son souffle. Le plaisir vient à son tour. Le goût que nous en prenons ne se fortifie plus seulement, comme chez l'Ecclésiaste, de tout ce que nous savons

de l'humilité de notre condition, mais encore du divin
même de nos espérances. Sa conception d'ailleurs n'emporte rien de commun avec celle qu'en montrèrent plus
tard les sensualistes mystiques. Chez ces penseurs, le
plaisir, borné aux jouissances charnelles, d'où il préten-
dait passer, en se transformant toutefois, dans le plus
profond de l'homme, ne se répandait point dans les joies
intellectuelles ni, plus généralement, dans celles du travail,
et ne pouvait aboutir qu'à l'extase. Unilatéral, empruntant
ses effets moraux à des illusions souvent grossières, il
offrait plus de brillant que de rayonnement, et le regard
semblait moins se concentrer en lui pour s'exalter que
pour s'hypnotiser. Sporadique, désagrégé, sans affinité
avec l'ensemble et les diverses parties d'une vie indivi-
duelle, il ne faisait point le rythme d'un concert où tout
l'être se donne jeu, et ne manquait pas seulement ainsi
aux fins dans lesquelles il tentait de se dépasser, mais
encore même à sa propre catégorie, dont ce jeu plénier
parcourt seul l'étendue.

Le plaisir nouveau se réalise comme vertu. Il se
possède pour se donner. Il aspire à embrasser l'âme tout
entière, et n'exclut pour elle aucune des autres lois qu'elle
se propose. Sans doute il apparaît plus « hérissé de
périls » que les vertus austères qui l'ont précédé, et qu'il
dépasse sans s'y substituer; mais c'est qu'en effet, en
éthique autant peut-être qu'en agriculture ou, comme le
voulait un ingénieux commentateur de la théorie évolu-
tive de Carey (1), qu'en art, les régions d'abord exploitées
par l'homme sont, non les plus fertiles, mais les plus
pauvres et les plus faciles à occuper ou à défricher.

____

(1) M. André Gide.

L'ordre de la domestication des forces naturelles tout
entières est en raison inverse de leur puissance; ainsi,
l'invasion de Dieu dans l'âme va des hauts plateaux
dénudés aux riches et périlleux terrains d'alluvion,
conquis sur les eaux qu'il faut sans cesse endiguer, ou
aux redoutables forêts dont la luxuriante végétation
écrasait d'abord les routes promises. C'est sous la protection de la nuit et dans la faible clarté d'une étoile
que les Mages d'autrefois arrivèrent aux portes de Dieu;
c'est l'émerveillement du soleil qui remplira l'homme de
demain. Rien de nouveau, dit-on, sous le soleil : mais
l'astronomie nous montre qu'il y a des soleils nouveaux.
Ainsi le plaisir, cette vertu dansante comme les mondes,
et plus qu'eux qui risque de choir, n'aura tendu sa
couronne qu'aux âmes assez fortes et « dégagées » pour
parcourir sans s'y enliser les rivages, musicaux comme
ceux des sphères qui tournent dans l'éther, où s'étire
prêt à bondir le fécond bonheur des fleuves. Le papillon
d'ardeur et de surfaces légères que ses ailes, balancier
mobile, expriment de fleur en fleur, se dégage, lui aussi,
de la lourde chrysalide prudemment cachée, comme le
moraliste nouveau, pareil au corps preste et nu du plon-
geur indien cherchant des perles dans les abîmes marins,
échappe aux épouvantes que portait en elle comme avec
elle la brutale pesanteur des premiers siècles.

Si Maria-Pia lit jamais la métaphysique que j'écrivis avant-hier, j'imagine qu'elle comprendra peu, et elle aura bien raison. Toute sagesse est en elle. Les sentiments que je « développe » péniblement dans mon journal comme le papillon dont on étend avec soin les ailes avant de le transpercer, sur une mince lamelle de liége, d'une épingle aussi aiguë que l'analyse mentale, n'apparaissent plus ici qu'inertes et ternes. La vue de Maria-Pia me les avait versés comme une source lumineuse, c'est d'elle encore, qui m'est partout présente, qu'ils vivent en moi; loin d'elle, sur ce papier blanc où finissent par aboutir tous les espoirs et tous les rêves de l'humanité, ils se flétrissent comme la rose détachée de sa tige. Jamais jeune fille n'effeuilla le lys mort et glacé. Laissez, divine amie, la fleur que le souffle des exégèses pareil au vent du désert en la parcourant n'avait point desséchée —; comme le papillon fixé à l'écorce du chêne-liége, la voici, rigide et captive sur cette superficie de l'esprit humain que forment les pauvres mots du langage, la voici que sa plus ardente nuance comme vos doigts d'aurore ont laissée.

Les papillons ont la vie brève. Et moi-même... sera-ce vivre que de vivre loin de vous? Ils ne travaillent pas pour la postérité. La postérité n'aime que « le gros ouvrage », comme disent les chiffonniers. J'ai beaucoup aimé la gloire, jamais mes vœux ne l'ont localisée ni dans la postérité, ni dans le présent. Qu'au moins je laisse sur vos doigts, cruelle enfant, un peu de poussière diaprée. Que j'eusse voulu mourir, Trianon, entre ces doigts.

Voici le dieu blessé à la solitude bientôt rendu.
Trianon, priez pour lui. Qu'au moins j'aie la tempête,
puisque je n'aurai pas eu la brise de votre haleine. *Non
in commotione Dominus :* c'est dans le souffle qui vient
des oasis, disent les Ecritures, que Dieu s'était caché.
Voici le dieu nouveau, debout dans le tonnerre, et comme
lui qui se défait sous les rafales et sur la mer. Priez pour
sa couronne d'éclairs. Que chacun d'eux le transperce
tout entier. Qu'il meure mille fois, qu'il roule d'abîmes
en abîmes, et que la nuit des mondes se referme à tout
jamais sur lui. Oh! mille morts! Oh! la tempête! Oh! sa
folie, et sa frénésie, puisque je n'ai pas su mourir de
soumission, douce étoile, sous ce ciel.

Reçu *La Vie de Nietzsche*, par Daniel Halévy, et *La Paléontologie et les Métamorphoses des Insectes*, par le professeur Lameere. Nietzsche était pauvre. Il n'avait qu'une pension de trois mille francs que lui servait l'Université de Bâle, et une petite fortune dont il mangeait, comme dit le fabuliste, « le fonds avec le revenu ». De combien était cet héritage ? Halévy, dans son excellent livre, ne nous le dit pas, et je le regrette. Rien n'excite plus mon intérêt que les questions budgétaires. Je ne parle pas du budget des peuples : il faut, pour y voir au delà de quelques lois générales et d'ailleurs incertaines, une vie.

Le *Mémorial de Sainte-Hélène*, qui a formé ma principale lecture de cet été, fait tomber d'accord Napoléon et ses compagnons, Montholon, La Cases, Gourgaud et le comte Bertrand, après une conversation sur ce chapitre, qu'il faut à un célibataire, comme minimum de revenu, quinze mille francs, quarante mille à un ménage parisien, et cent mille à un ménage de luxe. C'est beaucoup, surtout si l'on tient compte du prix de l'argent vers 1817. Mais un banquier moscovite que je vis chez Tolstoï, et qui professait les idées de ce Maître, me disait considérer quinze mille francs comme nécessaires à un ménage de la capitale russe. Des disciples de Napoléon au disciple de Tolstoï, la différence des chiffres, eu égard à celle des doctrines, n'est pas grande, et d'autant moins que le *standard of life* de la première époque en fait de logements et de domestiques paraît balancer l'élévation des prix dans la seconde.

•

En matière d'argent, on est bien obligé de se comparer pour se juger. Ma pauvreté est sordide. Quatre mille francs de rente, à Paris c'est la misère — et je constate de plus en plus que partout ailleurs la vie est plus chère. Ce chiffre, pour peu qu'on tienne à se laver les mains deux ou trois fois par jour, ne laisse point de milieu entre la solitude et la mendicité. Le savon et les souliers coûtent cher. On ne peut aller voir ses amis en sabots; cela ne manquerait pas de détourner le fil de la conversation. Il faut fuir les villes, ou consacrer à éviter de dîner trop souvent chez les mêmes personnes un soin digne d'une meilleure destination.

Il reste, pour les gens à honneurs, la considération. Plus un homme a de talent, écrivait Stendhal, plus il désire les titres, croix, plaques, etc., « comme rempart » contre la foule des imbéciles. C'est un peu la conception de Renan, qui affirmait que sans sa rosette d'officier de la Légion d'honneur et son titre de membre de l'Institut, qui lui valaient la protection des chefs de gare, il n'aurait jamais réussi à prendre un train. La dernière fois que je vis le pauvre Samain, quelques mois avant sa mort, c'était dans un café près de la Tour Saint-Jacques, où j'étais entré pour écrire une lettre. Il me dit qu'il considérait l'amour de la gloire comme une forme du besoin de la considération. Ce hautain poëte se calomniait. L'amour de la gloire est au contraire ce qui nous empêche d'éprouver le besoin de la considération. Le ruban rouge des Français, moins joli que l'orchidée de Chamberlain, offre l'avantage de coûter moins cher. On peut ajouter beaucoup d'autres aperçus en sa faveur. Mais l'atmosphère de la gloire est plus pure que celle des endroits où l'on se fait donner des croix. Les gens qui travaillent et qui

créent aiment mieux aller au Bois ou même à l'Hippo-
drome que d'employer leurs loisirs à mobiliser leurs amis
sur les gens des bureaux. Ce serait priser bien peu
les soins que l'on dédie à la gloire que d'en détourner
une partie, si faible fût-elle, au profit des honneurs.

Il reste, au total, le célibat. Jusqu'à cinquante ans
le créateur est, socialement, un nain. L'argent nous vient
comme une quatrième dentition, quand la deuxième s'en
va. Le nanisme social, dirait Willy, doit se pratiquer
seul. La sordidité n'est pas un article d'exportation.

— « Je suis, lui ai-je dit, très partisan de l'esclavage. Faisons une société secrète. Cette société secrète aura pour but le rétablissement de l'esclavage. Elle se composera de deux membres. Je serai votre esclave. Aujourd'hui comme dans dix ans, partout où je me trouverai, sans que d'ici là il ait été nécessaire que je vous rappelle jamais l'existence de cette « institution », au moindre geste de vous j'accourrai, j'accomplirai tout ce que vous ordonnerez. Ce pacte sera unilatéral, c'est-à-dire qu'il n'engagera que l'un des deux sociétaires. L'esclave ne reçoit point de gages, il ne se loue pas — il se donne. »

Une ombre de pâleur ou d'indifférence ou un sourire, que sais-je, passa sur son visage. Je ne la regardais qu'à peine. Avec nous cheminaient l'aîné de ses frères et sa sœur. Devant nous, Remo, ce délicieux enfant, au front pâle et fin, qui se plaignait avec un désespoir en larmes, l'an passé, que tant d'inventions nouvelles ne lui laisseraient rien à trouver quand il serait grand.

Je m'étais exprimé avec tant de naturel et de détachement, vantant l'esclavage, le charme d'obéir, l'avantage de pouvoir s'en remettre à autrui du soin de décider de nos actions, que j'étais sûr que notre Frère ne prêterait point un sens particulier à mes paroles. En effet, ce collégien correct combattit ma proposition, blâma qu'on déposât son libre-arbitre, examina jusqu'à quel point il croirait pouvoir pousser l'obéissance, s'il s'était engagé par un vœu solennel, etc. — Quant à la sœur cadette, il ne m'eût pas déplu qu'elle devinât un sentiment auquel les femmes accordent de la sympathie. Quel autre moment, au surplus, eussé-je pu choisir? Je sentais mon départ prochain. Nos parties de balle avaient formé à peu près les seules minutes où j'eusse pu parler à Trianon sans qu'un témoin fût moins près qu'à quelques pas. Or, la balle était perdue et, dans ces montagnes des Abruzzes, il ne fallait pas songer à en trouver une autre. D'ailleurs ce jeu était trop captivant pour que l'on pût causer. Restaient les instants où, tandis que Trianon jouait quelque sonate de Beethoven, je me trouvais seul avec elle dans son salon, mais interrompre son jeu, même à supposer que j'eusse voulu y employer quelque prétexte détourné, eût donné à la conversation un sens indiscret.

J'usai le surlendemain d'une minute où le mouvement de quelques passants qui traversaient la rue nous laissa seuls pour commenter en peu de mots qui, pour courts qu'ils fussent, achevaient toute ma pensée, mon projet d'esclavage. « Cet emploi d'esclave, dis-je, eût comblé mon désir d'occuper dans sa vie la seule place qui m'y fût permise. » Un jeu d'ombres, hélas, car la nuit était descendue, me voila les traits adorés de celle avec qui ma pensée vivait sans cesse, au moment où pour les considérer mon âme eût volé sur mes yeux : le sort ennemi me déroba cette unique récompense de l'amour le plus vain.

Nous arrivâmes devant la *banda* de quelque village féodal des environs, Torre di Sangro ou Seravalle, qui venait donner, ce soir là, un concert. Les gens, d'un cercle et de maints petits groupes, entouraient les musiciens. On avait l'impression, sous le palais ducal, la tour de l'horloge et la lumière bleue éclairant la petite place aux maisons inégales, d'un décor moyen-âgeux sur une scène de théâtre. A tout instant on attendait l'apparition de Juliette au balcon du palais. Elle ne vint pas, mais une vieille aux longues et massives boucles d'oreilles d'or, qui avait gardé l'antique corsage décolleté, et deux bergers en cape et chausses de brigands, la culotte serrée aux genoux par une boucle, étaient sans doute des gens de son père.

Les coutumes de Rocca Luparella sont singulières. Le chien qui conduit en hiver le traîneau de la poste au chemin de fer, à trois lieues de là, un énorme molosse, plus grand que les loups qui rôdent ici dans la campagne, a eu une femme pour nourrice. C'est l'envers de la fable de Romulus et Rémus. Ce fait ne suscite aucun étonnement : il correspond à un usage local.

Hier j'avais été regarder, avec une longue-vue qu'on m'avait prêtée, les voiles de l'Adriatique. A quatorze cents mètres d'altitude, le regard porte loin. On découvre la mer, par un temps sans soleil et sans brume, du petit jardin communal vautré au bord de l'abîme sur lequel se dresse la cité, dont le lieu, comme souvent en Italie ceux qui rassemblèrent les hommes, pare à l'attaque. Dans le fond de la vallée le Sangro précipite vers la tache verte où commence le monde oriental ses eaux de glace et d'écume brisées contre les rochers qu'elles arrachèrent à la rive. Derrière son cours étroit la chaîne des monts déserts déroule plus torrentueuse que le fleuve une ample chevauchée de lumière : la guerre et la paix inspirent son mouvement et sa sérénité. Les hauts Apennins, par la chaleur et la variété de leurs teintes, l'emportent singulièrement sur la beauté des Alpes. Sous les longs nuages blancs assoupissant au flanc des pics violets un souvenir unique ici des blanches routes dont le geste bénit, des blocs çà et là ou de noirs tourbillons de pierre, insurrection du règne minéral, arènes démoniaques pour le duel des ouragans, trônes des subversions nocturnes, et, dévorés de silence, quelques villages contractés, cycles d'humanités perdues, d'où rayonnent les troupeaux comme une étoile égarée, propagent dans la solitude de l'été on ne sait quelle déréliction de l'âme, d'où toute tendresse cependant, comme de l'enfer de Mme Guyon, ne serait pas exclue.

Je m'étais assis, les jambes pendantes dans le gouffre, parmi les belladonnes qui m'entouraient de leurs ombelles vénéneuses. Le jardinier du municipe satisfit enfin sa curiosité.

« — De quel pays êtes-vous ? me demanda-t-il.

— De France, lui répondis-je, comptant qu'il ignorerait la Wallonie, et donnant au mot le sens de la Chanson de Roland.

Mais je n'avais pas fait la part assez belle à son nirvana géographique.

— Où est-ce, la France ? reprit-il après un silence.

Je ne déteste pas d'expliquer. Mais comment, à un homme qui ne s'en doute point, dire où se trouve la France ?

— C'est loin, répondis-je évasivement.

Il insista :

— Combien de temps faut-il, en chemin de fer, pour y aller ?

— Deux jours.

— Deux jours !

Il était atterré. Jamais, bien que le village et la province soient pleins d'« Américains » retours de l'émigration, le monde ne lui avait paru si grand.

— *Et comment avez-vous fait pour trouver la route ?*

Le moujick russe est aussi simple, mais, plus intelligent qu'éveillé, il montre rarement cette curiosité. Je me souviens cependant d'une baba qui, nous accueillant dans son isba, demandait aux compagnons avec lesquels je venais de franchir la plaine liquide du Volga et les forêts printanières qu'elle avait magnifiquement submergées : « Les Tatars, les Tchouvaques et les Mardvas savent notre langue, et non point nous la leur. Comment se fait-il que vous parliez à cet étranger dans la sienne, et qu'il ignore le russe ? » Un rapport nouveau des choses, un aspect du monde que les peuplades asiatiques ne lui avaient point fourni s'imposaient à l'esprit de cette ingénieuse baba.

Je revins vers le village. Des mulets rentraient chargés de traînants feuillages. Le muletier baisa la main de sa vieille mère qui l'attendait sur le seuil. Une chèvre se grattait le dos avec les cornes. Une femme épouillait sa voisine. Au bout du Corso, des gens étaient groupés devant une maison. Quelques-uns regardaient en l'air, d'autres causaient entre eux. Trois prêtres en surplis, le dos tourné à la maison, échangeaient des idées d'un air indifférent. Au milieu du groupe j'aperçus une sorte de civière entourée d'un drap noir. Des cris lugubres et rapides retentissaient. Une vieille à sa fenêtre s'arrachait les cheveux à pleines poignées et, le bras étendu, les doigts largement écartés, les laissait tomber sur le mort. Sa figure était tout en sang. A sa droite une femme jeune criait plus faiblement et se tirait les cheveux sans les arracher. La vieille déchiquetait un haillon blanc dont les morceaux descendaient dans le vide. Elle s'égratignait les joues et une autre femme venait lui saisir les bras. Des accalmies interrompaient les cris. Une voisine jeta par la fenêtre une poignée de confetti sucrés sur le cercueil. Enfin, dans un crescendo de hurlements, le mort fut emporté. C'était la fille du cordonnier qui a l'air d'un pasteur. On ne savait la cause de sa mort.

Eté avant-hier avec Trianon, sa mère, sa sœur et ses frères dans la forêt de la Scierie.Sapins. Lorsqu'on quitte les hêtres pour entrer sous leur ombre, l'atmosphère devient bleue. Dans une clairière un sapin roux, un autre qui vit encore, s'inclinent sublimement. Entre la Scierie et Pescopennataro, collines extrêmement harmonieuses sous l'horizontal coucher de soleil : le plus pur rêve de l'Ombrie semble revivre ici. Intrépidité de Trianon : elle traverse sans nécessité apparente une haie d'épines très cruelles dont elle sort indemne.

A Pescopennataro, une voiture et des chevaux nous attendaient. Je mets mon cheval au pas à côté de celui de Trianon. Je lui dis, pour accorder nos paroles au soir qui descendait, le sonnet de Nerval :

> Je suis le ténébreux, le veuf, l'inconsolé,
> Le prince d'Aquitaine à la tour abolie.
> Ma seule étoile est morte et mon luth constellé
> Porte le soleil noir de la mélancolie.
>
> Dans la nuit du tombeau, toi qui m'as consolé,
> Rends-moi le Pausilippe et la mer d'Italie,
> La fleur qui plaisait tant à mon cœur désolé
> Et la treille où le pampre à la rose s'allie.
>
> Suis-je Amour ou Phébus, Lusignan ou Byron ?
> Mon front est rouge encor du baiser de la reine.
> J'ai rêvé dans la grotte où nage la sirène
>
> Et j'ai deux fois vainqueur traversé l'Achéron,
> Modulant tour à tour sur la lyre d'Orphée
> Les soupirs de la sainte et les cris de la fée.

Aujourd'hui, un de nos voisins de campagne ayant proposé un jeu où les perdants donnent des gages, après avoir racheté le sien en récitant un poëme de Pascoli, m'invita à dire à mon tour des vers.

— Je n'en sais point d'autres, lui dis-je, qu'un sonnet, qui est de Nerval.

— Il est très beau, observa la mère de Trianon.

— Ah! comment savez-vous...?

— Maria-Pia me l'a récité.

— Comment! m'exclamai-je en me tournant vers elle, vous l'aviez retenu?

Il me parut qu'elle rougissait un peu.

Trianon décidément me montre la plus grande indifférence.

Hier soir, nous fûmes nous promener sur la grand'route déserte, elle, sa mère, sa sœur et moi. Parvenus près de la chapelle solitaire que nous nommons *la Madonna,* nous nous assîmes sur le mur à hauteur d'appui bordant à cet endroit un petit aqueduc destiné aux eaux torrentielles du printemps. De minute en minute l'horizon se soulevait dans des éclairs de chaleur. Ils découpaient des lagunes lumineuses à travers la mer des montagnes et dressaient sur l'abîme des fantômes de cités éperdues, puis comme des yeux qui se ferment sous l'excès du plaisir tout retombait dans la nuit. Séduite par la beauté des étoiles et de ce soir intermittent comme la respiration d'un sein tragique, la mère de Trianon fit quelques pas vers la chapelle. Trianon, une main appuyée sur la margelle sous laquelle se creusait l'aqueduc, se trouva assise entre sa sœur et moi. Je ne me rappelle point ce que je dis. Parlai-je, par quelque allégorie, de celle qui se tenait à mon côté? Qu'importe? Aussi bien toutes mes pensées de chaque jour et de chaque heure ne tendaient qu'à une pensée unique. Je me souviens seulement que j'achevai mes paroles sur un peu d'emphase. Pour faire diversion, ou peut-être obéissant au plaisir de détendre dans un geste ces électricités que l'horizon de flammes répandait dans le soir : « Tiens! une pierre » dis-je assez niaisement en saisissant, pour la faire rouler dans l'aqueduc, une pierre blanche qu'un rayon de la lune, à cet instant qui se dévoilait, me montrait sur la margelle. Ma main un vingtième de seconde se reposa sur ce que mes yeux avaient pris pour une pierre. C'était le poing de Trianon derrière elle appuyée. Je m'excusai vivement sur mon naturel distrait. Trianon ne dit pas un mot, ni pour m'absoudre ni pour me blâmer. Son indifférence exceptée, elle fait toujours ce qui m'est le plus agréable. Mais je remarquai un instant après qu'elle se retournait pour voir sa main, qu'elle n'avait point déplacée. On distinguait parfaitement, au moindre regard, la forme de cette main et ses lignes fermes. Même un myope n'aurait pu s'y tromper.

Plutôt que d'invoquer une erreur aussi ridicule, eussé-je dû garder la main nue que j'avais effleurée? L'eût-on retirée? Mon geste aurait pu passer pour celui d'une tendre amitié. J'eusse plus aisément marché sur des lions rugissants que saisi cette main frêle et robuste. Mais la garder, caresse innocente et plus douce que les sources qui captent et tout ensemble délivrent l'âme en fleur des prairies, m'eût semblé infiniment plus facile. — Je m'étais excusé : le geste en effet de la saisir pouvait, par une fâcheuse coïncidence, passer pour la conclusion du soupçon d'emphase qui s'était glissé dans mes dernières paroles. Rien ne m'est plus ennemi et ne me semble plus contraire au flegme du bon ton que de souligner une parole grave par un geste. Et au geste, par quoi les âmes s'expriment, quelle préparation accepter que le silence, qui crée entre elles comme le désert où leur félicité va s'unir?

Toutefois, craignons la foudre qui suit l'éclair : encore que je conçoive mal Trianon en Jupiter tonnant, peut-être m'eût-on foudroyé.

Comme je lui proposais aujourd'hui une partie de
dames : « Nous allons jouer, me répondit-elle, Ginette
et moi, au diabolo. — Alors, si vous voulez, nous
jouerons après ? — Oui, dit-elle. » Et elle s'en fut dans
son jardin avec sa sœur. Lorsqu'elles revinrent, je lisais :
je les vis aller tout droit à une table de jeu où elles
entamèrent une partie de dames que la discrétion ne
m'eût pas permis d'interrompre.

Serait-ce l'effet de la pierre ?

Je lui ai dit :

« — N'oubliez pas notre société secrète.

— Je ne l'oublie pas, répondit-elle. »

Mais devinera-t-elle qu'en lui vouant une obéissance entière et éternelle, je me suis ôté le droit de lui rien demander, et que ce don total lui laisse seule désormais à savoir ce qu'elle en voudra prendre.

O obéissance des mystiques ! Don de soi ! Que tu me sembles un gain ! O ruse du cœur ! Je te laisse, Seigneur, la disposition de mon infirmité. Me voici ; je me tiens devant toi, prêt à ton appel, destitué de tout. Je n'ai gardé pour moi que les délices — je n'ai gardé que le seul bien.

Adieu, Trianon. Je pars après-demain. Aussi bien partirez-vous vous-même bientôt et, en attendant, on ne vous aperçoit plus qu'à peine, puisque vous ne vous promenez plus. Les lauriers ne sont pas coupés, et nous n'irons plus au bois.

Adieu. Nous allons voir, Mademoiselle, si vous continuerez à occuper toute la pensée et à mettre en échec tous les plans de travail d'un modeste érudit. Nous verrons si à Naples, dans ma chambre de la via Caracciolo, à la Bibliothèque, à l'Aquarium, votre image infiniment séduisante, votre grand chapeau, votre robe un peu courte — est-ce encore la mode, ou bien serait-ce par transition, Mademoiselle? — et ces fines chevilles qui ont tant d'esprit lorsqu'elles courent dans un pré, ce beau front qu'estompe une fière chevelure pareille dans sa forme à l'auréole du lion, nous allons voir si tout cela, comme une chatoyante poussière de rêves soulevée par un rayon de soleil, viendra encore flotter devant la pensée d'un pauvre naturaliste et l'empêcher de mettre dignement au point son troisième mémoire sur les Arthropodes. J'en doute, pour ma part. Sans compter, Mademoiselle, que les savants d'aujourd'hui ne sont plus ce qu'ils étaient autrefois. Ils n'ont plus de grandes barbes et une triple rangée de rides au dessus des sourcils. Cette impalpable poussière que vos pas légers et votre approche furtive, ô mon doux soleil, ont soulevée, cette poussière plus divine que la fantaisie et plus légère même que le poudroiement d'absolus où dansent à la vue, sur l'escalier des siècles, les victoires aveugles et les religions ensevelies,

54

cette immatérielle substance, ô mon amie, quelques grains s'en sont déposés sur mes ailes. Le Papillon! J'ai parfois cru aimer. Lorsque Madame de Waremmes fut morte, veux-je dire, j'ai aimé quelquefois. C'étaient de petites filles, ou d'autres peut-être, je ne sais plus, des visages qui passaient comme une ombre sur la vie, et que je ne fis qu'entrevoir. Je n'étais jamais sûr de les aimer. J'étais sûr de ne pas les aimer. Nulle d'elles cependant ne fut sans m'enseigner. — Leur pensée brillante s'écarta sans que j'y dusse tâcher, et comme un jeu de bagues se défait, que la lumière verse dans l'eau. O Trianon! Je vais m'efforcer, non pas de vous oublier — ce mot est bête et n'a point de sens dans l'âme d'un dévôt — mais de dissiper de ma vision votre image toujours présente. Je vais m'y efforcer de tout mon être — et préférerais mourir, en vérité, que d'y réussir.

Et retenez, Trianon : « *I some times learned some thing, I never forgot anything.* »

Je séjourne rarement dans mon *boarding house* de la via Caracciolo sans y être empoisonné. La vue y est si belle, sur le golfe nocturne en vasque d'or, d'une courbe pure comme nulle autre ligne au monde, que cette fois encore je tenterai l'aventure.

La sortie de la gare, dans l'obscurité.

« — Onze bis rue Caracciolo, dis-je en italien en montant dans la voiture du premier *vetturino* qui consent à ne pas m'assourdir par le cri de « *Wagen ?* ».

— *Ia, meinherr,* » me répond-il.

Nous dévalons le Corso Umberto. Ça et là l'éclaboussent de lumière des cafés-concerts devant lesquels s'attardent hésitants ou dansent à demi-ivres, joliment vêtus de blanc et de noir, décolletés, des matelots par la Méditerranée et la dernière vague vomis. Nous sommes loin du silence éperdu que verse sur les hommes le ciel des hauts Apennins. L'ascenseur me hisse, tel le vieux Darius des *Perses* d'Eschyle et Hérold sortant du royaume des ombres, dans le respectable paradis de misses anglaises et de vieilles dames attirées par la louange concise qu'en célèbre Baedeker, où je suis accoutumé de « descendre » lorsque Naples me reprend. Il est huit heures. Manger du veau pointillé comme un tamis avec ces demi-siècles et ces anges désincarnés, zut, Seigneur ! Je retiens ma chambre, je me lave, je me « change », je regagne mon fiacre, j'allume une cigarette et maintenant, ô ville, tu m'appartiens ! Cocher, à la Galerie. Cette promenade le long des quais et sous les frondaisons de la Villa, ô le meilleur moment de la journée ! Journée enfin gagnée,

journée, enfin, conquise! Horreur, ce matin, du départ.
Toujours mes départs, même lorsque je quittais cette
amie par dessus tout adorée, Madame de Waremmes,
ont été marqués d'ivresse. L'âme hardie de mes aïeux,
incendieurs des villes qu'ils laissaient derrière eux, sur-
gissait singulièrement en moi. Ce matin, au contraire,
un sentiment d'horreur indéfinissable et vague m'étrei-
gnait à l'épigastre, à peu près comme à Anvers, lorsque
j'étais enfant, au pensionnat, en arrivant au bassin de
natation de l'Escaut et en me préparant à y descendre,
j'éprouvais une sorte d'envie de vomir.

Au Restaurant Milanais à la Galerie. Tourne-dos
Rossini : du bœuf saignant et tendre avec une tranche
de foie gras par dessus. Joie de se savoir bien endenté :
lyrisme à ce propos. Puis, afin de compenser ce que le
foie gras passe pour offrir d'un peu indigeste, un homard
à l'Américaine, crustacé qui, selon les meilleurs repré-
sentants de la Faculté, ne mérite nullement sa mauvaise
réputation. Allumé un Havane au bureau « spécial » de
la via Toledo et fini la soirée au Politeama. Pas drôle.
Vacillant public d'employés. — Remarqué la « réclame »,
sur le rideau, d'un ingénieux fabricant de bandages : il
expose là son portrait, évidemment destiné à gagner à
ses sous-ventrières la sympathie du public, et, après avoir
énuméré les qualités de ses produits, conclut, sans doute
à l'adresse d'un concurrent : « *Altro che brevettato!* » (1).
Ceci vaut mieux que la scène. *Altro che brevettato!* O
misère de vivre! Rentrons, la fatigue me gagne.

---

(1) « Tout autre chose que breveté ! »

Le lendemain je m'enquis chez tous les marchands de mon quartier d'œufs frais pour combattre par eux l'invasion culinaire du veau. Cette « enquête partielle », comme disent les démographes, m'apprit qu'il n'y a point d'œufs frais dans le commerce napolitain : les moins vieux datent de huit jours. Ouï ce dialogue entre la « patronne » et la cuisinière : « Tel poisson, combien le kilog. ? — Deux francs ; frais, c'est quatre francs. » Rabattons-nous sur le « *Quaker Oats* », les lentilles et le macaroni. Ce régime n'engendre que le diabète, maladie monastique. Je ne sortis plus de ma chambre que pour aller à la Bibliothèque et à l'Aquarium. Griseries mélancoliques, au surplus, par le moyen d'une cigarette, devant les palmiers de la place Victoria. Le feuillage réduit à sa plus simple expression ; sa fierté ; son style. Absence de stupéfiants dans les moyens d'action de cette nature aussi tropicale que sobre. — Je fus empoisonné deux fois en quatre semaines et me décidai à partir. Eu tort de croire que ma série d'empoisonnements à Naples ne formait vraisemblablement qu'un concours de coïncidences fortuit.

Je n'ai pas vécu une seule heure sans penser à Elle. Peut-être pas un instant. Dualisme très curieux de ma pensée. Je suis tout à mon travail, je relève la tête, et je m'aperçois qu'une seconde pensée en moi a continué son cours sous-jacent depuis le moment où j'ai suivi le dédale de l'autre. Toutes mes minutes tissent ainsi une trame ininterrompue qui est la vie dans ma conscience *subliminale*, comme dit Myers, de l'enfant que Rome a poussée vers moi du fond des siècles. Je n'ai vraiment pas l'impression qu'Elle soit absente. Elle se révèle à moi de plus en plus. Je raisonne froidement et vois que je ne la posséderai jamais. Je ne suis pas triste, mais voudrais mourir. Rien ne m'est plus étranger que la tentation du suicide. Mais comme je le comprends chez les autres. Ceux que l'amour a élevés au dessus d'eux-mêmes sentent si clairement l'infériorité de la vie. En souriant de la sottise des amoureux qui meurent on démontre sa propre débilité d'esprit. Vainement je me dirais qu'une étoile me fournit des raisons de particulière vaillance : en réalité, ma seule différence essentielle d'avec eux, c'est que la pratique de quelques exercices intellectuels me permet d'entrevoir une jouissance dans le détachement même que l'amour me donne vis-à-vis de la vie : je trouve dans cette situation nouvelle une conquête. Plaisir expérimental de sentir que, hors un ou deux devoirs, on n'est retenu par rien; liberté — gage, au surplus, de subséquentes transformations.

Je n'aurais pas cru que j'aimais autant Maria-Pia, et cependant je ne suis pas encore complètement sûr de l'aimer. C'est qu'en effet le fleuve des événements seul conduit l'âme — et ses ondes sur elles-mêmes soulevées comme les marches d'un parvis la déposent au temple où l'amour communiera avec la plénitude de sa propre essence. La vie comporte une part d'expérience — conséquemment de risque et d'*héroïsme* — nécessaire au développement de l'Idée, toujours d'autant moins connue de nous qu'elle était plus grande, que nous portons en nous, et à la connaissance de soi qu'elle se donne à elle-même. L'amour n'existe jamais qu'après l'union. Tout le reste est pressentiment. Une aile palpitante dans la nuit des mondes et qui tâtonne jusqu'à ce qu'elle ait rencontré le grand courant des tempêtes où se perdre... et moi aussi je trouverai l'Atlantide !

Arrivé depuis un mois à Eze-sur-Mer. Un gros petit homme, ressemblant à Jaurès, à Silène, à Sancho Pança, à un cortège de Satyres, pourvu d'un énorme front de penseur qui paraît la répercussion du ventre en disque de parapluie ouvert, d'une barbe de philosophe cynique, de grosses lèvres férocement saillantes, forme avec moi, dans cette fin d'automne, toute la clientèle de l'hôtel. C'est Hérédien, un membre du barreau de la capitale belge, doublé d'un politicien, que j'ai vaguement connu, il y a une dizaine d'années, au « Vieux Roi d'Espagne », cabaret bruxellois où l'on boit de la « gueuze lambic », et dont ce conducteur de peuples « constituait » l'une des plus florissantes illustrations.

Que fait ici Hérédien, tandis que le Palais a rouvert ses portes? S'il ne liquidait la faillite d'un fabricant de baudruche du département, j'imaginerais volontiers qu'il joue le rôle de symbole. La rencontre singulière, à cette extrémité de l'Europe, de ce tonitruant et sensible patriote, qui larmoie de tendresse au seul mot d' « estaminet », et tempête comme Chrysostôme en entendant parler du moindre de nos voisins à tortil ou à merlettes, insère en effet avec une corpulente éloquence, dans l'ombragée thébaïde suspendue entre Nice et Monte-Carlo comme Hercule entre le vice... et le vice, tout ce que la vulgarité universelle pouvait m'y offrir et me tendre en un résumé court, opaque et fort en gueule. Hérédien est un ilote. Hérédien d'ailleurs a ses qualités. Serait-ce pour cela qu'il n'est plus député? — Au total, pas un mauvais homme.

Nous fûmes l'autre jour nous promener dans la montagne. Les bois que nous traversions, la mer, les golfes, les promontoires, forment un très beau paysage. Parvenu sous les frondaisons d'un bosquet d'oliviers où je l'avais précédé, Hérédien dans son enthousiasme ne put se tenir de haranguer l'assemblée des arbres. Il entama un discours sur « la protection des sites ». Il allait déposer un projet de loi, lorsque j'osai l'arrêter.

— Il lutte d'éloquence avec les flots de la mer. Je tente de faire diversion en gagnant les récifs. Un écueil de quelques mètres avancé paraît trop loin pour qu'on l'atteigne à pied sec. Mais ces noires pierres avant lui, creusées et alvéolées par les eaux comme une grappe de fleurs, elle se découvrent assez, lorsqu'on saisit l'instant où le flot recule qui va revenir et dans ses mille fusées sauter, pour qu'un pas, ou parfois un bond léger, sépare seul leurs pointes tour à tour bouillonnantes et qui pleurent. De rocher en rocher, prudemment, souplement, guettant la seconde éphémère et saisissant l'espace étroit, oh! l'ivresse d'aller jusqu'au récif extrême où le bal de la mer déchaîne ses violons. Moi qui aime les danses auxquelles on ne prend part qu'en les contemplant, je m'assieds, et la mer sous mes pieds renverse son écume et le bord de ses vagues pareilles à des volutes et des conques qu'une intérieure électricité bleuirait de lumière transparente; voici qu'elle s'abandonne et se défait, l'unanime amoureuse, comme des lionceaux jouent, de nonchaloir animés; sur le rivage je vois, semblables à ces courbes harmonieuses qu'un accord parfait trace dans la poussière, les trois lignes pures et parallèles que son corps sinueux en s'étirant dans le sable a laissées. J'appelle Hérédien. Il proteste avec véhémence, se laisse enfin gagner, avance en se mouillant, à mi-chemin s'arrête, et sur mon conseil déploie un des journaux dont ses poches sont bourrées pour noblement sur le roc s'asseoir. Mais une inquiétude déjà l'a saisi : la marée, assure-t-il contrairement à tout ce que l'école primaire lui enseigna sur les mouvements de la Méditerranée, monte. Le gros homme craint que ses bras bientôt n'implorent en vain le rivage inaccessible. Il se prépare à la retraite. Elle n'est pas chose facile. Hérédien se tient debout au bord de son écueil, un pied éléphantesque avancé au dessus de l'eau, s'excitant à envahir la pierre voisine qui, par mauvaise fortune, est beaucoup plus basse. Il ressemble ainsi à la statue du Commandeur.

> Comme le Commandeur descendrait de son socle,
> Régnier nonchalamment laisse choir son monocle.

Mais le poëte de *Marsyas* est élancé, tandis que Hérédien fait un Commandeur qu'on prendrait pour son socle. — Enfin le premier pied a posé, mais une lame l'inonde, tant son propriétaire sut mal choisir son moment.

— Heureusement Hérédien finit par rejoindre le sable. Il ne consacre qu'un instant à s'essuyer le front et s'assied en se préparant à jouir de mon embarras. Ce démagogue ventripotent s'exagère la difficulté. Je reste à rêver sur ma pierre. Si Trianon se fût trouvée ici, quelle bonne partie de rochers avec elle j'eusse faite!

Mais l'heure arrive de ma sieste. Déplorable nécessité, qui vient couper tous mes plaisirs, d'un corps que la pensée fatigua comme le fourreau par la lame usé. Ah! ne pourrai-je jamais, Seigneur, élever vers toi comme une coupe la pleine journée? — D'ailleurs, j'ai suffisamment impatienté Hérédien. Je regagne la côte et sous nos pas, tandis que nous fermons nos yeux pour les garantir, des fruits explosifs lancent au loin leurs graines.

Trianon! Que de bonheur vous m'avez donné!

La ferme lumière provençale, la lumière latine comme vous, ô jeune inspiratrice, précise en moi l'instinct de la Raison. Mon romantisme, je m'en suis défait en le versant dans ce journal, et, au fur et à mesure que je l'abandonnais ainsi, je me sentais grandir. Il est mort, espérons qu'il portera du fruit. Bonheur, disons le tout bas, c'est à toi que je naissais. Comme la tête du clown troue un cerceau de papier, ainsi tel un nageur à l'air fluide émergeant des eaux, en Lui je respirais, je vivais et me mouvais. Sanglotante joie...

« Je n'ai pas eu dans ma vie entière trois semaines de vrai bonheur. » — Qui parle de cette voix? C'est Goethe septuagénaire. Et l'homme est ainsi fait, hélas, que personne ne lit cet aveu du grand Olympien sans un secret plaisir. — Lui, le triomphateur, porté par tous les événements comme par tous les dons de l'esprit, lui, le plus riche confluent de la nature et de la culture, lui, le plus heureux des hommes peut-être, le plus fortuné à coup sûr, si le bonheur ne gît pas dans ces renoncements de l'esprit et du cœur au prix desquels aucune des âmes qui montrent la route aux autres ne voudrait l'acheter, — lui...

La douleur de Goethe résume la douleur humaine au sommet de la vie. C'est la pointe du pic. Je plains les pauvres. Leur faiblesse intellectuelle, physiologique et morale, est bien plus souvent l'effet que la cause des privations héréditaires au sein desquelles leur vie naquit et s'écoula. J'ai foi dans la possibilité d'une justice distri-

butive meilleure et dans les lentes transformations de
l'avenir social. Je me plais à espérer que le progrès des
richesses comme répartition ne s'élèvera pas contre leur
progrès comme production, sans lequel le premier
resterait à peu près vain, et je crois au contraire que,
bien compris, il le favorisera. — Mais plus qu'à la
souffrance des pauvres, je m'intéresse, je l'avoue, à la
douleur des forts. Car je ne puis m'empêcher de penser
avec les vieux maîtres que, tout compte fait, il servirait
de bien peu de chose aux hommes de posséder tout le
reste, s'ils ne se possédaient d'abord eux-mêmes. Et quel
est le fort qui se soit jamais possédé lui-même? « *Je n'ai
jamais été réellement moi* », dit l'Empereur à Sainte-
Hélène *(Mémorial*, 1824, t. VII, p. 264). Parlait-il pour
la galerie? J'ai la conviction froide et raisonnée du critique
que non, à moins qu'on n'appelle galerie cette éternité
que désormais il portait en lui. De Goethe à Napoléon,
ce sont les mêmes plaintes. Tandis que le grand Germain
dit les travaux renaissants qui l'ont toujours emporté loin
du bonheur, on entend le père immensément radieux du
Code civil, le héros qui pendant vingt ans sauva chaque
jour les Constitutions de l'Europe, l'homme qui si souvent
travailla pour des œuvres qui ne devaient prendre naissance qu'après sa mort, lui faire écho dans cette conversation de Sainte-Hélène, parmi ses vieux compagnons
fidèles : « Nous disions à l'Empereur, au sujet de sa
campagne d'Italie, des victoires rapides et journalières
dont elle avait occupé la renommée, qu'il avait dû avoir
bien des jouissances. « Aucune, répliquait-il. — Mais,
au moins, Votre Majesté en a bien procuré au loin? —
Cela se peut; au loin on ne lisait que le succès, on ignorait
la position. Si j'avais eu des jouissances, je me serais

64

reposé ; mais j'avais toujours le péril devant moi, et la victoire du jour était aussitôt oubliée, pour s'occuper de l'obligation d'en remporter de nouvelles le lendemain, etc., etc. *(sic)* » *(op. citat.*, IV, 403).

Je mesure la capacité qu'un homme a d'aimer les autres à l'étendue du bonheur qu'il peut concevoir. Nous aimerions peu les pauvres, si nous ne pensions qu'il fût en eux de s'approcher un jour des joies par où les forts passent aujourd'hui. C'est donc la valeur de la vie pour ces derniers qu'il faut chercher à connaître, et à épurer des mélanges qui la rendent indistincte à leurs propres yeux. Si le sel perd sa saveur, qui la lui rendra? Devant le témoignage, qui semble parfois unanime, que les grands penseurs apportent au pessimisme, on a le droit de considérer comme inconnue la valeur de la vie : nous ne savons même pas si elle est à trouver, ou. à créer. Dans cette conquête de soi-même que l'humanité poursuit désespéremment, partons avec les plus rapprochés du but. Aidons au salut des naufragés les plus près du port. Fortifions le petit troupeau. « Je ne prie pas, fait dire à Jésus l'Evangile selon l'Apôtre Jean, je ne prie pas pour le monde, mais pour ceux que tu m'as donnés. » C'est la solidarité des forts.

Les vulgarisateurs répondent que tout a été dit, qu'il n'y a rien de neuf, que l'univers ne fera jamais que rabâcher. Cette thèse exalte leur orgueil, en défendant leur œuvre, que l'on n'attaque point, et en la donnant pour seule raisonnable. C'est l'orgueil de la petitesse. — En réalité, l'histoire nous montre l'apparition successive, d'entre le milieu des hommes, non seulement d'idées nouvelles, mais de sentiments nouveaux. L'homme devient d'autant plus réel qu'il s'extrait davantage de ce que nous croyons savoir de lui.

Ceux-là m'épouvantent, qui pensent qu'ôté le mal que fait aux hommes la Nature et qu'ils se font entre eux, il ne resterait plus pour régner que le Bonheur. Le Bonheur n'est nulle part, hors une création. Invente, Emmanuel, invente sans cesse ton bonheur. Lutte avec l'ange. Fais plus : attire le dans ces prés verts. Avec lui penche-toi sur un même ruisseau où vos images s'allient...

L'amour est l'activité unique de l'âme même. Il est création, toujours différente, et de soi seul. Je me transforme sans cesse dans mon adoration pour Maria-Pia. Le Bonheur est dans la concordance de tout l'être avec cette activité.

Il n'est point d'homme en possédant le Bonheur qui n'éclairerait le destin de ses frères davantage que par tout autre enseignement.

La Gloire?

Un homme lit Shakespeare. Il a vingt ans. Il est de ceux en qui les mondes pressentent leurs destins. La pâle ivresse de la nuit monte par sa fenêtre, ouverte sur la ville — la plus noble des villes, — sur le fleuve — le plus noble des fleuves, — sur les arbres de l'Ile Saint-Louis. O palingénésie! O fabuleuse naissance des terres nouvelles! Les voilà de leur lente ascension qui l'envahissent, pareilles à l'astre trouant les ramures. Le voilà qui éclate, de se sentir frissonnant comme une ruche, semblable à l'espace qui abrite les sphères comme des mouches bourdonnantes. O désir, gémit-il, de quelle flèche aiguë as-tu traversé mon être? J'étreins chaque arbre de la forêt, je baigne dans les eaux de Maïa même, et voudrais communiquer mon plaisir. Bientôt je quitte le lac charmant de l'Illusion, une main me jette dans l'océan des Essences, et je m'avance, nageur vigoureux : je sens qu'ici tout est véridique, arrêté, définitif, et m'attends à ramasser dans le fluide élément ces cristaux brillants, formes géométriques, dont le rivage des mers éternelles est jonché. Je plonge, attentif à quelque féerie de corail, et mon pied traverse sans s'y embarasser l'algue inextricable du Phénomène. Je reviens à la surface, ma tête fend les flots et l'azur, et je vois s'avancer vers moi, du fond des âges, un cortège de rois, de traîtres, de fous, de bouffons, de passionnés de toutes sortes, et de miraculeuses amies: tous, dans un halo, brûlent au plus haut point de l'inextinguible feu des hommes. L'incertitude même, chez eux, est ardente : témoin Hamlet.

Vous sentez tout cela, et ce mystère aussi, parmi tant de beauté, dont la présence toujours a hanté les sommets. Vous vous livrez à l'œuvre du poëte, et votre voix élève sous les flammes du divin le cri de l'initié antique : « Maranatha! Le Seigneur arrive! Il vient, il est là! »

Tolstoï a donné contre Shakespeare des raisons, parfois excellentes en elles-mêmes, qui ne diminuent pas plus *Othello* que les arguments des apologistes ne rendent compte de sa grandeur. Certaines beautés sont ineffables parce qu'elles sont évidentes. Il y a dans l'art suprême un élément, insaisissable à l'analyse, que l'intuition seule perçoit. Le mystère n'est pas toujours l'ombre de nos connaissances, mais leur lumière même .Le commentaire circonscrit d'ailleurs sa part, et d'autant plus utilement, qu'il la fortifie en la resserrant.

Comme critique, je suis critique tout à fait : je ne crois pas à la critique.

Le critique a l'esprit indirect : il distingue moins la chose que le signe de la chose, préfère le signe du signe, et la glose aux texte.

« — Je le voudrais, Monsieur, mais je n'ose. — Si, Monsieur, regardez, je vous prie. — Mille grâces! Je n'en ferai rien. — C'est lui qui nous éclaire, qui nous réchauffe et qui nous réjouit. Voyez l'astre, voyez la plénitude de l'être! — J'aimerais mieux fixer l'enfer. — Voyez comme il monte. L'aigle, dit-on, sur lui sait darder un œil fraternel. — Monsieur, il n'est point d'aigle ici, mais j'ai dans ma sacoche un lot de verres fumés. Permettez que je m'en chausse le nez, et le soleil est à nous. Regardez : on y voit comme ceci. »

La critique : diascopie.

Les hommes sont tout avant d'être eux-mêmes. La révélation de l'humanité vient la dernière. Il semble qu'il en soit de chaque époque comme du bonheur, qui ne se connaît point.

Dans le dix-neuvième siècle, il n'a paru, outre quelques traits obscurs et maladifs, mais profonds, de Dostoïevsky, et peut-être la cinquantaine de pages formée par l'*Adolphe* de Benjamin Constant, qu'une œuvre originale sur l'amour. On y voit l' « amour-passion » au milieu des relations de société. Avant Stendhal on ne montrait ainsi que l'amour-goût : l'autre était réservé aux tragiques, qui tendent à placer leurs personnages en dehors du temps et de l'espace. Quelques romanciers qui traitaient l'amour-passion l'isolaient cômme les poëtes ; afin de se rapprocher du discours direct de la tragédie et des procédés d'abstraction qu'elle met en œuvre, ils adoptaient la forme du roman épistolaire.

Par l'effet de la nouveauté que je viens de définir, Stendhal demeura incompris de la république littéraire où pourrissait Sainte-Beuve. Un seul contemporain sentit son génie, ce fut Balzac, l'homme de lettres le plus intelligent de son temps. La horde imbécile ne manqua pas d'accuser Balzac de s'être fait payer. Comme lui-même était mis par tous les diascopes au niveau d'Eugène Suë et d'Alexandre Dumas père, son éloge de Stendhal n'obtint qu'un écho tardif.

Si paraît un créateur, on voit les gendelettres pareils à ces hiboux et à ces chouettes surpris par la lumière du jour, qui volètent çà et là, ne sachant où donner de la tête. Il faut que la nuit du tombeau, comme on dit, se soit refermée sur le novateur et son œuvre pour que ces oiseaux nocturnes commencent à y voir clair.

L'infection difficilement soutenable que répandent trois hommes de lettres, pour peu qu'on les trouve réunis, semble bien propre à rendre héroïque l'entreprise de la gloire : — nécessité d'aller avec ces gens là pour que l'on parle de nos maîtresses.

Les lettres forment l'élément de, la gloire. Ce sont les littérateurs qui la dispensent. — On voit leur charité bien ordonnée.

Lorsqu'un chien a perdu cette secrète raison de vivre qui fait la dignité des chiens, la ménagère le pousse au ruisseau. Le charretier passe qui l'emporte. Voilà le chien au fond du canal. Enfin ! Il se trouve seul avec lui-même. Il va pouvoir méditer. Il exploite sa mort. Il se gargarise de souvenirs. Il devient énorme, il égotise — hypertrophie du moi. Il perd le poids des volumes qu'il déplace. Il se sent plus léger, il gagne des ailes ; lyrique, il remonte à la surface, vers le soleil. Météorisé, jaune, bleu, vert, rouge, public comme Suburre ou comme Louis Rouart, la tripe offerte et l'œil au ciel, il fixe le regard, il rayonne, il plane. La stercoraire nuée des mouches s'assemble : là est le corps mort.

L'homme de lettres est une charogne.

Sa gloire, d'ailleurs, revendique avec légitimité de solides fondements. Quand on a quelque peu accompli le tour de toutes les littératures, on ne tarde pas à s'apercevoir, en effet, que depuis le commencement des temps le plus grand nombre des auteurs ne font jamais que se copier les uns les autres. Tel enfante un poëme sur les héroïnes d'autrefois ; il dit à la ritournelle : « Mais où sont les dames du passé ? ». Le suivant scande un poëme

sur les héroïnes d'autrefois ; il écrit à la ritournelle :
« Mais où sont les neiges d'antan ? ». Et en voilà pour
cinq siècles.

« Mais où sont les neiges d'antan ? » forme une de
nos grandes inventions. C'est piquant, c'est élégiaque,
c'est neuf, c'est imprévu, c'est indirect et cependant
impressionniste, c'est suggestif, c'est moderne, et l'auteur
décidément se montre précurseur *bien qu'* *(sic)* il soit
mort en 1400 et des.

Les littérateurs, qu'on croit révolutionnaires parce
que quelques-uns d'entre eux conservèrent plus long-
temps que les Bretons la mode des cheveux longs, sont
tout penchant à la tradition. Aucune corporation ne
compose tant d'hommes généralement estimés dans son
sein, que possède un délire avoué du *statu quo*. L'acadé-
micien cube le gendelettres. Il n'entre nullement dans mon
intention de blâmer ces dieux termes. J'honore trop le
charme de la rêverie et du *far niente* pour méconnaître
aucune des applications de la loi du moindre effort. Mais
on m'assure que le *far niente* de quelques-uns de ces
coupolards augustes se montre d'expression copieuse.

Il n'est pas toujours aisé, d'ailleurs, d'échapper à la
longueur. Un octogénaire candidat à l'Académie faisait
ses visites après avoir envoyé aux Quarante ses œuvres
complètes sous forme d'une brochure de soixante-quatre
pages. — « C'est beau, lui dit un des électeurs, c'est
éloquent, c'est ingénieux, mais... un peu long. »

Le malheur des gens de lettres, c'est qu'il s'élève
parfois d'entre leur milieu un homme porteur d'une idée
neuve. Sans ce hasard funeste mais difficilement évitable,
le métier serait de tout repos. On enterre l'homme et,
quinze ou vingt ans après, les académiciens qui, eux,

sont immortels, constatent, avec une mélancolie voilée qu'on croit bien propre à les assurer de leur supériorité, que leur époque est devenue « subversive ».

Les époques sont comme les idées : on n'en a guère trouvé qui ne fussent pas subversives. Mais celles-là sont les bonnes, et c'est grâce à elles (encore que les gens, dit-on, ne s'y trouvassent pas beaucoup mieux), et aux académiciens, que tout le reste respire.

Mais laissons les mœurs littéraires. Toute grandeur n'en demeure pas exclue. Beaucoup qui en diffèrent ne montrent pas moins de sottise. Insister sur le mépris qu'elles inspirent impliquerait cependant quelque naïveté. On n'en connaît point d'autres dont le chantage forme l'essence.

Les esprits débiles qui convoitent la gloire reportent dans la postérité la réalisation de l'espoir qu'ils en conçoivent. Pour l'avoir borné, ils le croient mieux fondé. Le recours à la postérité moule un truisme dans le pli des eschatologies coutumières. En escomptant la postérité par dédommagement on se trompe, comme se trompent toujours et sur tous les sujets les hommes qui adoptent des opinions toutes faites. Jamais elle n'a donné la gloire à un homme qu'il ne l'ait possédée de son vivant. Il suffirait d'ailleurs, à défaut de cette observation empirique, de considérer un instant, sinon la technique difficile et complexe de la gloire, tout au moins, celle des institutions qui conservent les noms des hommes, pour se convaincre qu'il ne saurait en aller autrement. Mais qu'à cela ne tienne. La postérité peut bien ressusciter dans le champ de la gloire ceux qui y ont passé. Plus souvent elle étendra sur les fausses gloires, et sur quelques vraies (témoin Varius), un oubli définitif. Elle amplifiera par la légende le souvenir de Virgile ; par l'étude, comme par l'oubli des précurseurs, la renommée obscure de Shakespeare. Mais, pareille à l'enfant qui guide un aveugle sur les indications que de carrefour en carrefour ce maître infirme lui prodigue, elle ne saurait conduire au Capitole celui qui n'en a point foulé les routes. Au surplus, son jugement, plus autorisé que celui des contemporains puisqu'il ressort d'une élite plus exquise, pour être dernier n'en semble pas infaillible. Enfin, la justice même qu'on lui prête ne permet point de croire qu'elle voue de la gloire à celui qui n'en captiva point : car c'est autour d'elles surtout qu'on voit les grandes âmes triompher.

Ch. Guignebert, dans un livre récent sur « l'Evolution des Dogmes », suppose que « plus la foi descend dans les couches populaires, ...plus elle se montre féconde en majorations ». La gloire de Jésus, par exemple, par l'effet de la tendance « majorante » de la foi, aurait crû dans le cours des âges. Je pense qu'en réalité l'essence de la gloire de Jésus brillait bien plus vive autour de lui que dans les dogmes qui l'ont exprimée. « Je fais des phrases, vois-tu, » disait, dans *Marie Donadieu,* mon ami Charles-Louis Philippe, « mais c'est bien moins pour grossir le sentiment que j'éprouve que par cette incapacité qu'ont les hommes d'exprimer les vérités humaines. » Les dogmes et les symboles par lesquels la postérité exprime la pure action qu'un créateur exerça de son vivant ne « grossissent » ni ne « majorent » les sentiments qu'il engendrait dans les contemporains que cette action avait élus. Simplement, avec la logique ingénieuse mais claudicante de l'intelligence humaine (faculté organisée aux fins de notre conservation par l'action mécanique sur les corps qui nous entourent) lorsqu'elle s'applique à la connaissance de notre émotivité profonde, « phrases » et théologies traduisent un fait psychologique ineffable.

C'est lorsque saint François fut mort que l'on vit la moins sublime des deux interprétations de son enseignement régner parmi ses fils. Le présent assure seul l'élan futur des œuvres à qui cette superficie de l'éternité propose son tremplin. L'adoration que tout créateur suscite s'accomplit nécessairement par la réalisation même d'une vie impliquant ce sentiment comme finalité suprême.

— Il y a une gloire publique, qui consiste en ce que Pierre et Paul savent que Jean attribue à Jacques du talent ou de la vertu. C'est la gloire par ouï-dire — la gloire avec renommée. Cette gloire apparente se borne très souvent à cette seule renommée — en d'autres termes elle n'implique pas nécessairement la vraie gloire. Car il arrive que Pierre et Paul, qui ont la vue courte, se trompent touchant les vrais sentiments de Jean sur Jacques. Car ils ne savent pas que Jean rend à l'homme ce que l'on doit à la fonction, à la puissance, à la reconnaissance; que d'ailleurs son jugement était indécis, ou mitigé, ou complexe, et qu'il a varié.

Il y a une autre gloire, qui est la gloire secrète. Celle-là unit le créateur et son fils spirituel comme le baiser. L'enfant des hommes n'a pas entendu Pierre ou Paul ou Jean louer le créateur après Guillot, scribe aux oreilles spécieuses. Lui-même admira le créateur — et peut-être le plaignit.

Et peut-être le plaignit : car la Gloire est Amour, et l'Amour est pareil à un grand oiseau qui vole vers le sein de l'Etre par deux ailes qui sont l'admiration et la pitié.

Car les hommes qui entretiennent la flamme de la Gloire ne sont point différents des autres. Il n'y a point d'homme dont l'âme, si elle affleurait, n'engendrerait l'admiration. Il n'y en a point dont la vie, si elle était connue, n'inspirerait la pitié.

Comprendre, c'est égaler. La gloire secrète est la région de l'Egalité. Elle forme la chaîne de l'égalité par les sommets. Ce sont les fronts que le baiser rapproche.

Et cette gloire-là viendra aussi bien, peut-être, du plus pur et du plus silencieux de nos gestes nuptiaux que du fracas des destinées.

Que ton vœu soit de silence et d'harmonie. Ne te confie pas aux pauvres mots des langages humains. N'approche de ce seuil que le doigt sur les lèvres.

Et elle est désirée par tous les hommes qui s'aiment fortement eux-mêmes et qui aiment fortement autrui. Car, aimant autrui, ils ne trouvent rien de mieux à donner que cette communauté d'eux-mêmes.

Et lorsque la Gloire secrète n'a pas été contemporaine, elle n'est jamais posthume. Car c'est là qu'on dira comme ailleurs : « A celui qui a, il sera donné ; mais à celui qui n'a pas, même ce qu'il a lui sera ôté » *(Luc,* XIX, 26).

On croirait aisément que les plus grands hommes sont morts sans avoir rien extériorisé de leur génie. Le génie travaille beaucoup et vit moins. Au surplus, il choisit un compartiment et s'universalise rarement. Deux conditions pour être inférieur. Mais à quoi se consacrerait le « plus grand homme »? Au bonheur. — Or, si un seul homme avait vécu heureux, l'univers montrerait une autre face.

Le sage hindou l'a dit : « Nul ne peut-être heureux si tous ne sont heureux. » Les millénaires n'erraient pas complètement: le bonheur relève d'une époque, puisqu'il dépend de la félicité d'autrui.

Peut-être le vieil Hindou exagérait-il un peu notre solidarité. Mais les philosophes comptent tant sur le consentement unanime, qu'on peut bien à la rigueur lui accorder la vertu de supprimer les jours de pluie.

Les fêtes spirituelles dont la célébration informe l'essence de la gloire ne réalisent pas autre chose que le sacrifice radieux où s'opère le rachat de l'inégalité des hommes, incapables de se comprendre et de s'aimer. Elles préparent ce cercle d'union future où la somme du bien dépassant celle du mal, les hommes se trouveront plus solidaires par la communauté des joies que par celle des souffrances. La gloire est la catégorie de la charité du créateur envers le monde.

La recherche de la vraie gloire apparaît donc comme une forme du devoir privilégié, ou comme rien. Désintéressée dans sa cause, utile dans sa finalité, elle ne doit jamais aller à l'encontre de ce devoir plus rare et plus difficile qu'absorbe la Béatitude.

Bonheur constant des jardins paradisiaques, midi plénier de l'amour, que ma vie forme votre pressentiment. Bonheur! Bonheur! Puissé-je être celui qui prépare vos voies! Attente dans les sanglots, sous les oliviers, du baiser chancelant de l'élu! Bonheur! Bonheur! Et les palmiers comme une croulante fontaine de feuillage et comme le geste de mains qui prient.

« S'engager dans la gloire, disait Maurice Wilmotte, c'est entreprendre partie liée avec la sottise des hommes. — On voit bien, observa son interlocuteur, que vous ne fréquentez que des gens intelligents. »

— Il faut dégoûter de la gloire tous ceux qui en sont dégoûtables.

On a beau jeu à la dédaigner. Je n'ai, dirait un sophiste, qu'à reconnaître mes défauts pour constater la spéciosité d'une gloire qui me serait appliquée; et si je possède des attributs divins, irai-je remettre leur estimation au jugement qui vient des hommes? — L'anagogue lui répondra : « La gloire n'est pas un don que le créateur reçoit, mais qu'il fait. »

Cependant, ô Trianon, que servirait de le dissimuler? La gloire de Salomon lui-même ne vaut pas un seul de vos sourires mystérieux comme les lys.

Mais je ne l'irai pas clamer trop haut : avec votre allure de chasseresse fière comme la Diane antique et cet air modeste dont vous vous tenez debout sous le ciel, pleine d'ignorées certitudes, tandis que sa lumière descend sur vos épaules pareille à l'influx de la grâce, je craindrais, périlleuse confidente des lys qui ne filent ni ne tissent, que vous ne voulussiez pas d'un hommage qui ne fût pas celui d'un amant de la gloire.

Les cataractes de la lumière sur vos épaules, et son écharpe flexible comme tes pas, et son entrelacs semblable aux boucles de tes cheveux, aux vagues d'une mer de lumière, aux anneaux d'une union mystique, quels jeux évanouis aux prés élyséens ou quel trône de prières infléchissent en nous de plus glissantes délices? Je défie que parmi tant d'univers, et les chœurs des anges assemblés, et le silence même des milices unanimes, un sage agenouillé recueille une attente plus douce et plus fière que la lumière et que vos pas.

Comme l'aube furtive éveille les vallées, et que celles-ci s'élèvent vers elle, voilées de brumes ascendantes lentement dissipées, et contemplent enfin face à face le soleil, ainsi votre venue légère anime le regard, d'abord qui défaut à demi en se soulevant vers vous, et sur qui semble passer l'incertitude des nues, jusqu'à ce qu'il mêle ses traits aux rayons de vos yeux.

Je m'étonnerais que mon regard ose rencontrer le vôtre, si je ne savais que l'amour soit tout-puissant.

> « *Amor, che a nullo amato amar perdona,* »

dit le poëte italien (1). Aucune fleur jamais ne naîtra dans votre âme qui ne se tournerait vers moi s'il plaisait à mon amour de l'éclairer. Mais à quoi comparerai-je cet amour? A une contrée très grande : son roi veille sans

------

(1) Inferno, canto V°.

cesse sur elle et ne saurait la parcourir. Votre vœu seul m'eût commandé le voyage impossible. Dieu, que le miracle oblige, eût-il par des ailes secondé nos routes? Que m'importe? Une force plus grande est dans mon amour que tout ce que la force même de Dieu lui pourrait ajouter. C'est vous aimer que je vous demande.

> « *Signor mio, dammi a sapere*
> *Ed a fare il tuo volere :*
> *Poi non curo, se 'l t'è in piacere,*
> *Che io dannato o salvo sia* » (1).

L'ingénue prière de Jacopone di Todi informe l'extrême soumission dans l'extrême domination : elle le rend indépendant du châtiment où Dieu déserte l'Amour comme de la récompense par laquelle il le limite. Ainsi par le sentiment unique et infiniment divers que j'ai pour vous se ferme dans le cercle ultime de notre félicité celui de l'être même. — Fontaine de vie, comme l'eau est l'âme claustrale de la nature, close sur tout ce qu'elle reçoit, toujours je te verrai garder dans tes ondes le pur anneau que j'y laissai descendre. Maria-Pia! Comme en l'eau un rayon de lumière qui ne l'a point brisée, jamais vous ne pourrez faire que je ne sois en vous.

---

(1) « Mon Dieu, donne-moi à savoir et à faire ta volonté : puis je n'ai cure, si c'est ton bon plaisir, d'être damné ou sauvé. »

Je conçois le bonheur comme la lumière : tous deux insaisissables et que rien ne captive, mais qui s'en viennent se poser sur notre épaule comme l'oiseau familier. Tout l'art humain devrait consister à ne leur pas fermer la porte, et les âmes à qui l'on demanderait la définition de cette couronne d'ailes furtives répondraient sans même plus prétendre discerner une double inflexion dans leur vol : *In eo vivemur, movemur et sumus.*

Quelle parole sera plus heureuse que celle de la lumière ? Je me rappelle les nuits de Pétersbourg et les îles Ostrovsky, où la clarté demeure. Je me rappelle les nuits blanches, où le vaisseau du jour semble avoir chaviré dans sa course et s'arrête parmi les hommes. Ses invisibles écoutilles répandent une lumière diffuse et sans ombres portées. Je me rappelle le mystère et la nappe d'une clarté atténuant toutes choses qu'ailleurs brutalement elle dévêt. Je vois mes courses dans le Nord et ses petites maisons de bois. O isvoschik ! O mon traîneau ! Vole encore vers les îles où la clarté s'éveille. Là elle est couchée comme un grand cygne pâle parmi les roseaux de la Néva. O lumière pour la première fois vraiment ubiquiste ! O lumière noyée et sortant des eaux comme le Christ à son baptême et par doses égales mélangée à l'ombre et sur toutes choses répandue. O subtile ! O lumière d'un monde sans journées ! Combien je t'adorai ! Mais descendant de l'impétueuse troïka je m'avançais dans les jardins des îles, sous les feux des restaurants de nuit, parmi les arbres aux branchages fins comme le squelette d'un poisson...

Combien plus, si j'ai chéri la lumière des Barbares, celle de la ville entre toutes nuptiale...

Sans doute, on trouve rarement à Rome la confusion de l'ombre et de la lumière comme deux colombes dans leur baiser l'une à l'autre mêlées. La lumière ici sculpte bien plus qu'elle ne peint. Elle manque à sa mission orphique de ramener du royaume des ombres une ombre voilée des mélodies étranges de la brume comme d'un long vêtement de lin et toute étonnée de revoir les fleurs violettes éparses dans ses doigts unies encore une fois à la main rythmique des rédemptions solaires. — Elle y manque, du moins, pour les yeux qui surent mal connaître certains soirs du Colisée et de l'Aventin.

Ce que dans le Nord la lumière promet à l'âme par le mystère, Maria-Pia me le donne par la grâce. Le mystère propose à l'esprit cette image infinie de soi-même que celui-ci parmi les paysages du monde méridional, arrêtés dans leur forme et nettement détachés, rarement se voit représentée. La grâce illimite tous les mouvements de la vie parce qu'en les fondant dans une harmonie toujours diverse elle les prolonge sans cesse l'un par l'autre. Elle exprime l'esprit parce que, comme l'esprit possède dans son ordre une toute-puissance qui n'est bornée que par les objets d'une nature étrangère à la sienne, ainsi, comme la grâce ne va jamais jusqu'au terme d'un mouvement, et ne le marque pas d'un caractère extrême qui l'empêcherait de se transformer en un autre, elle nous figure l'être spirituel dans son pouvoir même d'intarissable jaillissement. Tandis que le mystère naît souvent d'un jugement vague, la grâce se montre surtout dans la précision, vertu propre aux corps investis par la lumière méditerranéenne. Je ne saurais dire de quoi s'accomplit la grâce suprême de Maria-Pia : ni le naturel toujours présent chez elle et toujours inséparable de la mesure, ni le décor de son air, ni sa constante eurythmie, ni cette volonté qui s'ignore, ni cette vérité parfaite, ni cette froideur des cœurs que l'amour même seul inspirera, n'expliquent ce qu'Elle éveille. Comme la tempête se rayonne l'alcyon, ainsi les mouvements des mondes et ceux d'un cœur magique deviennent devant son regard tout murmure. Rien n'épuise l'adorable élan dont l'univers s'achève en ces lignes flexibles comme la mer répercute sa courbe ultime dans les volutes d'une conque. Maria-Pia est belle, pas tant qu'on ne voye en elle la vérité de cette parole de La Fontaine : la grâce plus belle que la beauté.

Trianon, douce étoile, ô Lumière, m'aurez-vous, pareil au roi nocturne vers la naisance de quel moi-même plus sublime, m'aurez-vous bien guidé? — Une fois encore j'irai sur la plage aux rochers alvéolés par les eaux comme une grappe de fleurs. Le soleil de l'hiver latin m'éclaire et me chauffe. Il ne chauffe pas comme un poële, qui répand sa chaleur dans l'air que l'on respire. Il ne chauffe pas par « radiation ». Il chauffe par « contiguïté », comme un feu de bois ouvert dans la cheminée, dont on s'approche pour que le corps s'attiédisse, tandis que l'atmosphère reste fraîche. Il est tonique. La main de ses rayons vient sur nous. Le soleil de l'été crible l'air que nous absorbons avec ennui comme celui d'une chambre où brûle du charbon. — Depuis qu'il est des hommes, personne n'a vu cette simple volupté du plus parfait soleil, et tous ceux qui viendront la verront à travers moi.

Vous êtes, Maria-Pia, bien plus belle que le soleil. Devant votre plus radieuse beauté je me tiens comme un roi aveugle. Tout me persuade que je ne la comprends point. Que sera-ce, s'il ne vous plaît que le silence souverain m'enseigne, des midis pléniers après l'aube frêle, que sera-ce de ce peuple de taupes, cheminant dans la nuit...

ÉPILOGUE

Après avoir écrit ces pages, Voldemar fit deux parts des vingt louis qui lui restaient pour achever le trimestre. Il consacra la première à l'achat d'un gilet de soie lilas rouillé. Avec les quinze louis formés par la seconde, il acquit un ticket de première classe dans le tramway qui va d'Eze à Monte-Carlo, subsidia de deux sous le percepteur, le pria d'ouvrir une fenêtre, et peu après il pénétrait dans l'atrium du Casino, au moment précis où l'orchestre entamait la finale de la Symphonie Héroïque expurgée de l'air funèbre par lequel Beethoven crut avoir prophétisé la mort malheureuse de Napoléon. A ces accents sublimes et sous le sentiment de son prochain triomphe, Voldemar renversa la tête d'un air plein d'accablée assurance et, la porte des salons franchie, s'avança jusqu'à la deuxième table de roulette de la rangée du milieu, où il s'assit à la droite du croupier et en face de la rouge, sur un siège qu'une vieille dame de Hambourg venait précisément de laisser libre.

Voldemar mit un louis sur la rouge. Noire sortit et le louis fut emporté. Un deuxième et un troisième louis eurent successivement le même sort. Voldemar ponta un quatrième louis, toujours sur la rouge. Ce fut le zéro qui sortit. Le louis fut emprisonné et Voldemar ponta un cinquième louis. Zéro sortit encore, le quatrième louis fut emporté et le cinquième emprisonné à son tour. Voldemar commençait à se savoir quelque gré de ne point vouer la vieille dame de Hambourg aux gémonies, lorsque celle-ci, qui ne s'était éloignée que pour donner un ordre à un domestique, revint et fit remarquer qu'elle avait épinglé sur le tapis vert un disque en métal. Sous ce numéro de vestiaire s'insérait une carte de visite au bas de laquelle brillait le nom d'une cité germanique. Voldemar s'excusa, se leva, et, tandis que la vieille dame s'asseyait, il se mit en quête d'une place auprès de la rouge à une autre table. Distrait par le spectacle de quelque visage singulier entrevu çà et là, il errait depuis plusieurs minutes dans la recherche que lui inspirait le dessein de ne jouer qu'assis, lorsque tout à coup il se souvint du cinquième louis, laissé en prison. Il revint à la deuxième table et vit à son ancienne place un rouleau d'or que le croupier renversait d'un coup de rateau pour en évaluer le montant. La rouge venait de passer sept fois et le louis emprisonné en formait trente-deux auxquels le rateau du croupier était en train d'ajouter une nouvelle alluvion de trente-deux louis. A quelques centimètres de la masse d'or édifiée près du croupier, la vieille dame posait une pièce de cent sous. Voldemar voulut prendre son argent. Mais qui lui assurait que la masse ne fût pas à quelqu'un des joueurs debout? Et comment s'instruire de ce point? Tandis que son esprit un peu lent cherchait le moyen de se former une conviction sans éveiller la concupiscence toujours prête de quelque ponte disposé à

recueillir d'adventices orphelins, la rouge sortit encore.
Cela faisait cent vingt-huit louis! Un mouvement d'at-
tention commençait à diriger les yeux des pontes vers le
tas d'or. Les regards du croupier cherchaient le joueur
heureux. Je retire la masse, voulut dire Voldemar. Une
gêne le retint. Si par hasard l'argent relevait d'un autre
propriétaire, celui-ci serait en droit de se méprendre
in petto sur l'intention d'une « sonde » que les circons-
tances rendaient légitime. Et, stupidement, Voldemar
prononça : « Je retire la moitié de la masse. » Le croupier,
de l'air le plus naturel, lui compta soixante-quatre louis,
tandis que tout le monde regardait le joueur heureux
qui paraissait ennuyé. Soixante-quatre louis « marchaient »
encore. La rouge sortit une huitième fois. Voldemar
allongeant le bras enleva son argent, et s'en fut le compter
dans un salon où deux cocottes causaient des libéralités
de ces messieurs. La série à la rouge lui avait rapporté
3.840 francs, peut-être, se dit-il, le commencement d'une
fortune.

Quelques minutes après il était assis à une table de
trente-et-quarante et pontait une pièce de cent francs sur
la rouge. Rouge gagna et la pièce fut doublée. Voldemar
en ajouta une troisième. La rouge gagna une seconde
fois et Voldemar ajouta encore une plaque. Au troisième
coup il avait devant lui 1.400 francs. En quelques minutes
il descendit à 200 et remonta à 2.000. Il lui semblait
qu'une lucidité singulière venait de se faire jour en lui.
Il jouait à chaque coup et toujours la rouge exclusive-
ment et croyait se sentir averti d'avance, avec plus ou
moins d'intensité dans la prescience, de la couleur à
laquelle le paquet de cartes posé devant lui allait donner
l'avantage. Lorsqu'il ne lui paraissait pas que la rouge

gagnerait, il pontait un ou deux louis. Selon qu'au contraire son pressentiment était plus ou moins nettement favorable, il risquait une dizaine de louis ou de pièces de cent francs. Il éprouvait un plaisir inconnu. Il laissait courir une grosse somme et, loin de chercher à voir les cartes tournées par le tailleur, loin de s'inquiéter de l'issue du coup, il se sentait porté par le flot des événements et déposait le soin de sa destinée. Une liberté nouvelle, faite peut-être du sentiment que toute lutte, une fois l'argent misé, devenait inutile, le remplissait étrangement. Il s'amusait à regarder le visage de ses voisins de face et s'intéressait aux moindres particularités de leur expression. Il avait l'air souriant et torturé. Mais cette dernière expression ne dominait dans sa physionomie qu'au moment où il apprenait un gain. C'est peut-être qu'alors il ne se défendait plus contre les marques d'une fatigue qui peu à peu le gagnait et d'une inquiétude vague croissante avec le tas d'or débordant sous ses mains. Enfin, il se leva pour aller dîner. Il avait quarante mille francs et se promettait de revenir le lendemain.

Il revint en effet. La noire gagna presque tout le temps et en moins de deux heures Voldemar perdit les vingt mille francs qu'il avait apportés. Lorsqu'il eût vu disparaître sous le rateau du croupier son dernier louis, il se leva avec l'impression de délivrance que lui donnait le soulagement d'échapper enfin aux sensations infernales par lesquelles il venait de passer. Une demi-heure après il descendait d'une automobile et retirait au guichet d'une banque de Nice les vingt mille francs qu'il y avait déposés le matin même. Il revint au Casino de Monte-Carlo, perdit dix mille francs à la roulette, passa au trente-et-quarante, misa six mille francs, gagna, laissa porter, et passa quatre

fois avec le maximum. Il avait plus de cinquante mille
francs. Tous les regards se dirigeaient vers le joueur qui
débutait par une série heureuse à douze mille francs le
coup. En un clin d'œil la nouvelle de cette veine extraordinaire s'était répandue dans les salons. A présent
Voldemar jouait comme un homme ivre. Il pontait de
ci, de là, à droite, à gauche, par masses énormes. Après
des hauts et des bas le tas d'or qu'il voyait devant lui
s'enfla démesurément. Comme il attirait à lui, le nez
penché sur sa montagne d'or, le bénéfice du dernier coup
joué, il entendit le tintement prolongé d'une sonnette. Il
leva la tête et, sans saisir le motif de cette extraordinaire
animation, vit dans un nuage que toutes les figures étaient
tournées vers lui avec un air riant. Les croupiers eux-
mêmes paraissaient réjouis. Les gens se dévisageaient
entre eux de ce même air riant. Deux ou trois visages
d'hommes isolés restaient sombres. Du plus profond de
la salle on accourait de toutes parts. En se retournant
Voldemar vit avec surprise qu'une cinquantaine de personnes, groupées derrière lui, le regardaient avec bienveillance. A sa table le jeu était suspendu. Il comprit qu'il
venait de faire sauter la banque. Il compta son argent :
deux poignées de louis et dix-neuf cents pièces de cent
francs — plus de cent quatre-vingt-dix mille francs.

Il fendit le flot des spectateurs. « Soulagez la misère
d'un préfet de l'Empire », lui dit un vieillard décoré de
la rosette d'officier de la Légion d'honneur. Voldemar
lui mit dix louis dans la main. Déjà la nouvelle de son
gain s'était répandue au dehors. Il sauta dans un fiacre
qui l'attendait.

Le lendemain il écrivit à son notaire pour le charger
de placer cent cinquante mille francs en bonnes premières

hypothèques à quatre et demi; il transmit à son banquier
l'ordre de lui acheter pour vingt-cinq mille francs d'em-
prunt haïtien qui donne dix; il garda une vingtaine de
milliers de francs d'argent de poche pour faire, dit-il,
un petit voyage. Je laisse à penser au lecteur quelle fut
la suite de ses actions.

FIN

TABLE DES MATIÈRES

*Achevé d'imprimer
le 15 Septembre 1910.*

IMPRIMERIE BÉNARD (S. A.)

LIÉGE

www.ingramcontent.com/pod-product-compliance
Ingram Content Group UK Ltd.
Pitfield, Milton Keynes, MK11 3LW, UK
UKHW031837170726
13836UKWH00004B/1728